Le suicide d

PERSPECTIVES CRITIQUES

Collection dirigée

par

Roland Jaccard

LE SUICIDE DU CHRIST

Une théologie

PIERRE-EMMANUEL DAUZAT

Presses Universitaires de France

ISBN 2 13 049444 7

Dépôt légal — 1re édition : 1998, octobre

108, boulevard Saint-Germain, 75006 Paris

Ad Aldam Nafinumque
In memoriam
Sylvia Plath et Anna Karénine
In cavati arboris umbraculis

De his non temere audeo judicare.

Saint Augustin,
Cité de Dieu, I, 26

Toutes les fois que je pense à la crucifixion du Christ,
je commets le péché d'envie.

Simone Weil

Mort, tombe,
je ne comprends pas ces mots.

Werther

Avertissement

Le thème de ces pages est né d'une double stupeur : qu'on ait imaginé de bonne heure, en fait dès l'Évangile de Jean, un Christ qui se serait suicidé ; et que ce thème ne doive à peu près rien à la polémique antichrétienne des premiers siècles. L'idée du suicide du Christ aura été avant toutes choses une idée de chrétiens, sinon une hypothèse christologique.

L'élaboration de cet essai s'est ensuite nourrie d'une colère qui ne s'est plus démentie : qu'une théologie officielle ait observé et maintenu sur cette interprétation un silence tellement complaisant. Il m'a semblé, quant à moi, que l'idée était riche et méritait quelque enquête.

Vite sont apparues et la permanence du thème et l'approche sinueuse, fragmentaire, voire épisodique qu'il a inspirée. La théologie du suicide christique ne souffre ni continuité ni élaboration continue : la question a été souvent abordée de biais, et les filiations sont rarement celles qu'on attendrait.

La progression, quand progression il y a, est jalonnée de rebondissements et de retours en arrière. Malgré le triomphe de la scolastique, par exemple, Thomas d'Aquin reprend quasiment le problème en l'état où Origène l'avait laissé. Bravant des siècles de dogme, et inspiré de son égotisme baroque, John Donne le réinvente sans qu'on puisse lui attribuer d'autre source qu'une certaine propension personnelle.

A cette nature éclatée du matériau, répond la forme de ce court volume, qui s'est refusé *a priori* les facilités de la démonstration pour leur préférer la forme de la promenade théologique qui, d'Augustin à Péguy, voire à Blumenberg, a, toute révérence gardée, acquis ses lettres de noblesse.

Il ne s'agit donc en aucune manière d'établir que le « Christ » s'est suicidé, plutôt qu'il n'est mort crucifié. Il est simplement apparu qu'il était un peu trop facile et arrangeant d'aller chercher les « coupables » où on les montrait du doigt, et, avec plus d'ambition, de suggérer que ce thème possède une légitimité philosophique et théologique, voire christologique, propre. Mieux encore, que la théologie, même profane ou athée, gagnerait à l'envisager avec plus de sérieux.

Cette question du « suicide » du Christ - il s'agit bien du Messie, plutôt que de l'homme Jésus, qui est mort dans d'atroces souffrances - n'épuise assurément pas celle de la mort de ce Fils de Dieu. Mais si cette démarche a quelque substance, elle signifie uniquement qu'il y a sans doute quelque avantage à rendre à cette mort son intégralité, pour ne pas dire son intégrité. La mort dont le Dieu incarné a choisi de faire l'expérience n'est pas entièrement circonscrite par le bois de la Croix. Pour parler un peu crûment, le suicide du Christ fait aussi partie de sa crucifixion et de notre devenir.

Avant-propos

La théologie mise à nu par son célibataire même

Les morts s'écrièrent : ô Christ ! n'est-il point de Dieu ?
Il répondit : Il n'en est point. [...]
Jean Paul

DIEU EST MORT !

Voici quelque deux mille ans que Dieu est mort. A chaque génération, ou peu s'en faut, fiers à bras, faux prophètes, forts en thème et autres matamores surgissent pour clamer d'une voix tonitruante : « Dieu est mort ! » Sous-entendu, c'est moi qui l'ai tué. Chacun voudrait répondre de son mieux à l'injonction de Molière : « Faisons l'olibrius, l'occiseur d'innocents. » Les chaisières essuient une larme de rhétorique, les libres penseurs se gobergent avec maints gargarismes de cette bimbeloterie métaphysique et se portent volontaires pour tenir les cordons du poêle. Au suivant !

Mais que le « décès soit réel ou constant » ou que « le cadavre de Dieu bouge encore », force est d'avouer, à leur décharge, que les théologiens, sans doute tout à leur divine impatience de se partager les dépouilles théologales, font de bien mauvais médecins légistes : « Là où il y a testament, il est nécessaire que soit constatée la mort du testateur. Un testament ne devient valide qu'en cas de décès ; il n'a pas d'effet tant que le testateur est en vie » (He 9, 16-17). Donc Dieu est mort !

A en croire les gardiens de la morgue, les moyens de cette mort semblent aller de soi. Le constat est dressé, les coupables sont identifiés, et puisque coupables il y a, c'est donc qu'il y a eu crime. Tant pis pour qui ne trouverait son bonheur dans ces calembredaines. Du côté agnostique, on se bouscule au portillon. C'est à qui revendiquera d'avoir porté le coup fatal. Du côté des théologiens, mêmes airs coquebins, semblables intrigues. Pilate, Judas, nos péchés, les Romains, les trop fameux « Juifs » de Jean : chacun a sa place dans cette macabre mise en scène pour amateurs de prétoires[1]. Sauf Dieu. Car, Jésus ou Christ, fils de Dieu ou fils de l'Homme, il disparaît derrière le rôle que lui a assigné l'économie de la Rédemption, où la Résurrection a l'effet d'un « vaccin » contre la mort. « La pensée de Paul dissout l'incarnation dans la résurrection »[2], proclame sans rire Alain Badiou, qui en a vu d'autres, renchérissant dans le harcèlement textuel sur de pauvres petits pères qui n'en espéraient plus tant. Bref, le sujet disparaît derrière un Logos qui égare, et nous fait opportunément oublier qu'un homme, *a fortiori* un dieu, est irréductible à la théologie et à ses ventriloques stipendiés. Grande est notre bredouille.

1. Voir, par ex., N. Leites, *Le meurtre de Jésus, moyen de salut ?*, Paris, Cerf, 1982.
2. A. Badiou, *Saint Paul. La fondation de l'universalisme*, Paris, PUF, 1997, p. 78.

UNE MORT CÉLIBATAIRE

De nos jours, et bien que la théologie de la Passion soit fort édulcorée sous l'effet d'une gélatine mystique, qui confond volontiers les morts et les vivants, l' « extase d'amour » et l' « extase de mort », l'opinion théologique s'accorde à reconnaître, avec un art certain de la litote confinant à la petitesse, que le Christ ne pouvait exclure la perspective d'une « mort violente »[1] *(sic),* puisqu'il savait ce qui l'attendait s'il allait à Jérusalem. La Palice a défroqué et s'est fait Panurge matant l'agonie du Crucifié pour décrocher son bonnet de docte et conserver sa Croix. Un peu comme l'Octave de Charles Maurras qui, songeant à embrasser la mort après avoir embrassé une vie de débauche, se souvient que « l'avis de Benoît XIV est décisif sur ces matières. Qui mourra dans le scapulaire ne souffrira point de l'enfer. *IN QUO QUIS MORIENS...* »[2]. La pendaison ne lui fermera pas la porte du Paradis.

Mais cette théologie sécularisée est tout juste bonne pour les âmes friandes de jeux de piste. On demeure loin, sauf dans la théologie du « Dieu mort »[3] et encore..., des fulgurantes intuitions des Pères de l'Église, qu'une imprégnation stoïcienne et une familiarité plus bienveillante avec les faits et gestes du panthéon païen rendaient moins frileux quand il s'agissait d'appeler un dieu un Dieu, et une mort volontaire un suicide. Ils

1. Cf. J. Moltmann, *Le Dieu crucifié,* Paris, Cerf, 1990.
2. Charles Maurras, *La bonne mort,* Paris, Éditions de la Chronique des Lettres françaises, 1926, p. 34.
3. Voir cependant E. Jüngel, Le discours sur la mort de Dieu comme expression de l'aporie de l'idée moderne de Dieu, *op. cit.,* I, p. 66-160.

savaient encore dépouiller la théologie de la Croix de tous ses oripeaux pour regarder en face l'épouvante d'une mort seule de son espèce, « célibataire ». Celle d'un dieu.

Car, loin de s'expliquer par les « tentures funèbres de l'athéisme »[1] et les furieux horions des modernes, l'idée d'un Dieu qui se serait suicidé, plutôt qu'immolé, mort de sa « belle mort » ou de sénescence, voire disparu sans laisser d'adresse, est contemporaine des événements. Il fut en effet un temps où, certains passages de l'Évangile de Jean exceptés, l'évocation d'un « divin suicide » était loin d'obéir seulement à de mesquines arrière-pensées polémiques. Et si curieux que cela puisse sembler à nos esprits éclairés par l'ombre de nos œillères laïcisées, le « suicide » du Rédempteur, on l'aura pressenti, est, de l' « embryogénie » (E. Renan) du christianisme jusqu'aux temps modernes inclusivement, un thème presque exclusivement chrétien. Prétendre que notre époque est peut-être « la première à refuser quasi unanimement l'image de Dieu le Père mettant son propre Fils à mort, fût-ce pour le salut du genre humain »[2], c'est, ni plus ni moins, perdre de vue cette page essentielle de la lente élaboration de cette illusion « sacrificielle » d'un Dieu qui, comme le voudra l'inénarrable Bourdaloue, oublie que Jésus était son Fils pour en faire l'ennemi sur lequel pèsera toute la lourdeur de son bras[3].

Aussi faudra-t-il tâcher de comprendre pourquoi ni la « réaction païenne » ou la critique juive des premiers siècles ni les prophètes modernes, romantiques ou philosophiques, de la mort de Dieu n'ont repris cette idée à leur compte. Or, prendre « l'acte du Christ au sérieux »,

1. Comme le prétend X. Tilliette, *Le Christ de la philosophie,* 1990, p. 244.
2. Fr. Boespflug, « Un Dieu déicide ? », p. 218-219.
3. Cité par J. Delumeau, *Le péché et la peur,* Paris, Fayard, 1983, p. 329.

ainsi que nous y invite Hans Urs von Balthasar au terme de sa *Dramatique divine*, c'est bel et bien se demander, à la suite de Fichte, comment Jésus, ce célibataire de la théologie, oublieux de sa paternité en tant qu'il est Fils, ce « parricide de soi-même », pour dénaturer un mot de Bossuet, « devait sortir de scène »[1], car « rien, dans sa vie, ne l'honore plus que la façon dont il l'a quittée »[2].

UN ROMAN DE THÉOLOGIE

Ainsi que l'a suggéré Jack Miles dans son *Dieu. Une biographie*, la théologie, dans la tradition occidentale, pour ne pas dire judéo-chrétienne, est *ab initio* une biographie, pour ne pas dire une autobiographie, une « égodicée »[3] – s'il est permis de prendre à la lettre le message testamentaire qui, au fond, n'est jamais qu'une prosopopée[4]. Subtilement mise en scène, peut-être, mais parsemée d'aveux autobiographiques. Or, cette tétralogie néo-testamentaire est loin d'être aussi formelle et univoque que la théologie d'Église le laisse entendre sur le chapitre de la mort de Dieu. Souvent les synoptiques varient, et il n'est pas sûr que, d'un Évangile « canonique » à l'autre,

1. Voir J.-G. Fichte, Sur les intentions de la mort de Jésus, in *Querelle de l'athéisme et autres essais*, Paris, Vrin, 1993, p. 196, 200, 209, où Fichte examine les diverses « sorties » possibles et conclut à la nécessité de la mort, pour que le christianisme soit une religion du cœur, et non simplement « de la bouche et des lèvres et de la mémoire ».
2. Ce rapprochement entre Jésus et le thane de Cawdor (celui qui « est mort comme quelqu'un qui s'est étudié, dans sa mort, à rejeter son bien le plus précieux comme une vaine bagatelle », *Macbeth*, I, IV, 7) apparaît sous la plume du très orthodoxe J. Pelikan, *Jésus au fil de l'histoire*, Paris, Hachette, 1989, p. 107.
3. Pour parler comme Derrida, *in* « Donner la mort », 1992, p. 63.
4. Voir R. Bodéüs, Théologie et façons de parler, in *Aristote et la théologie des vivants immortels*, Paris, Bellarmin/Les Belles Lettres, 1992, p. 301-335.

ce soit le même qui meure, ni qu'il meure pour les mêmes raisons. Reste le fait : *« Mortus est dei filius : prorsus credibile est, quia ineptum est. »* On aura reconnu Tertullien : le fils de Dieu est mort, c'est absolument crédible, puisque c'est absurde ! Les pédants appelleront cela « être réduit à quia ».

Depuis Jorge-Luis Borges, chacun sait que la théologie demeure la seule science exacte. Il n'est pas d'élément inconnu ni de monde en expansion qui permettraient hypothèses et revirements inattendus. Le bois de la Croix est bien celui qu'on a dit. Il y a bien des oliviers au jardin, et trois « tiges de choux », comme disaient les contempteurs du faux Messie, se dressaient au lieu dit du Crâne. Les clous fatidiques étaient aussi polis qu'un sou neuf, tout comme les trente deniers, pas un de moins, que Judas reçut des mains des prêtres puis restitua sagement, avant de se livrer sur son âme aux derniers outrages. Du gagne-denier à Jean – à Jean, vraiment ? – tout le monde était là, y compris le centurion de Luc (23, 47) ou de Marc (15, 39) qui, voyant les prodiges du Crucifié sur son gibet, conclura tout uniment : « Sûrement, cet homme était juste. » Telle est la bonne nouvelle : rendons gloire à Dieu !

Bref, toutes les voies ont été balisées, et d'abondance. Il n'est qu'à suivre. Se demandant « pourquoi les jeunes laïcs sont tant versés dans l'étude des choses sacrées », John Donne constate pourtant que le Diable lui-même ne saurait guère espérer de « meilleures hérésies qu'il n'en eut »[1]. On lui donnera volontiers raison. Cette « tentative de suicide du Christ », ou ce « suicide raté », si l'on préfère, ne saurait donc prétendre innover, autre-

1. J. Donne, Problème VI, in *Paradoxes et problèmes,* trad. P. Alferi, Paris, Allia, 1994, p. 51.

ment qu'en offrant une manière légèrement intempestive de lire la théologie. Dans ce « roman de théologie », où l'on s'étonnera tout au plus de la morne et sotte tranquillité « où l'on avale des choses énormes »[1], tout est vrai. Toute ressemblance avec des Dieux ayant réellement existé est volontaire, même si, comme dit la chanson, ces dieux-là ont aimé qu'on suive une autre route qu'eux.

1. *Ibid.*, p. 52.

Chapitre Premier

Suicide de Dieu, mode d'emploi

« Le destin historique de l'homme est de mener l'idée de Dieu jusqu'à sa fin. »

E. M. Cioran,
Des larmes et des saints

D'Athènes à Jérusalem, pour parler comme Tertullien, l'Olympe cessa d'en découdre avec les hommes, les dieux perdirent le tempérament de découcher, les demi-dieux d'aller au-devant de la mort afin de mieux asseoir leur immortalité, et les souverains des cieux de visiter les demi-mondaines pour de petites morts *ad libitum.* Fini Héraclès[1] et ses velléités de rejoindre l'éther, de « s'aérer » comme dit Lucien de Samosate, pour soulager ses douleurs, oublié Jason et la tentation de se libérer par la corde ou par l'épée de malencontreuses épousailles avec Médée[2]. Révolus les temps où, à Zénon, le fondateur du stoïcisme, qui lui demandait ce qu'il devait faire pour accéder à une vie meilleure, l'oracle de Delphes pouvait répondre : « Revêts la couleur des morts. »[3]

1. Voir J. Kott, *Manger les dieux,* 1975, p. 73 sq.
2. A. Moreau, *Le mythe de Jason et Médée,* Paris, Les Belles Lettres, 1994, p. 178 sq.
3. Diogène Laërce, VII, 21.

Avec le césarisme et le christianisme (en attendant le césaro-papisme), au diable ces extravagances et autres momeries : au *monosandalisme*[1] de l'« assoiffé du cratère »[2] aux sandales d'airain, au *kérygme* de celui qui était allé au suicide en promettant d'être « un dieu immortel et non plus un mortel », succédera le monothéisme de Messies se chauffant d'un tout autre bois.

A ce vent d'austérité – de *simplicitas rustica* – va répondre une autre manière de devenir dieu. L'*homoiôsis théô* d'antan – cette transformation voulue pour devenir « comme des dieux »[3] – tombera en désuétude. Certes, il faut toujours périr pour devenir « soi », suivant la « formule » de toute théologie du sacrifice[4] – ainsi le veut le *principium individuationis* –, mais « devenir dieu » requerra bien plus d'efforts que ne l'eût imaginé le premier excentrique ou cynique venu, voire le dernier des stoïciens. Au Ve siècle, Hiéroclès d'Alexandrie résumera assez bien l'opinion générale en rappelant qu'il faut commencer par devenir homme et, après seulement,

1. Suivant le mot heureux d'Y. Battistini, in *Empédocle. Légende et oeuvre,* Paris, Imprimerie nationale, 1997, p. 19. Les Monthy Python avaient déjà établi le rapprochement dans *La vie de Bryan...*

2. L'expression est reprise de M. de Diéguez, *Science et nescience,* Paris, Gallimard, 1970, p. 8.

3. A ce propos, voir l'utile mise au point de R. Joly, *Glane de philosophie antique. Scripta minora,* Bruxelles, Ousia, 1994, p. 7-14, et H. Merki, *Homoiôsis theô. Von der platonischen Angleichung an Gott zur Gottähnlichkeit bei Gregor von Nyssa,* Fribourg, Éditions Universitaires, 1952. Sur le suicide philosophique et le devenir-dieu, voir M. Daraki, *Une religiosité sans Dieu,* 1989, notamment p. 46 et 111 sq.

4. Th. Adorno, *Kierkegaard,* Paris, Payot, 1995, p. 182.

« vouloir devenir dieu »[1]. Ne peut plus « se donner quittance » qui veut, dira Hamlet. A Rome, la théologie assagie d'un Pline ou d'un Sénèque mettra les choses en place, tandis qu'à Jérusalem un Messie d'une nouvelle facture bravera le bon sens d'un Pilate, qui ne conçoit pas qu'un Dieu puisse mourir, *a fortiori* qu'il recherche la mort. Comparant Jésus à Balaam qui se ressuscite en invoquant le Nom de Dieu, partant « se divinise », l'orthodoxie juive préviendra un peu tard : « Malheur à ces hommes qui se ressuscitent et s'élèvent eux-mêmes en ce monde, ôtent le joug de la Torah et se métamorphosent eux-mêmes. »[2]

En attendant, contrevenant aux scrupules d'un « saboteur de la Rédemption », l'apprenti-dieu saura malgré tout faire entendre sa voix et sa raison :

> Qu'Il vive, qu'Il meure de sa belle mort, de la piqûre d'une vipère à cornes ou de la peste ou de la gangrène, de n'importe quoi comme tout le monde : c'en est fait de la Rédemption. (...) Le monde sera sauvé par le trépas volontaire du Fils de Dieu. (...) La Volonté de Jésus est que tu Le fasses crucifier[3].

Ainsi s'exprima (saint) Judas à l'adresse de (saint) Pilate pour la plus grande gloire de Dieu. Car, du moins dans cette fiction de Roger Caillois, loin d'expliciter son humanité, le suicide de ce dieu en herbe implicite sa divinité. Cet homme-là a besoin de la Croix pour affirmer qu'il est dieu.

En l'occurrence, la fable éclaire plus que la théologie en touchant du doigt les arrière-pensées stratégico-théologiques qui inspirent toute interprétation de la vie de Jésus. Lisons plutôt Jean Améry, l'un des nombreux

1. *In Aureum Pythag. Carmen Comment.*, prolog. 3.
2. *Talmud, Sanhédrin,* 106 *b,* cité par J.-P. Osier, *L'Évangile du ghetto,* Paris, Berg, 1984, p. 145.
3. Roger Caillois, *Ponce Pilate,* Paris, Gallimard, 1961, p. 56-58.

rescapés d'Auschwitz qui finirent par mettre fin à leurs jours[1] :

> Si nous admettons que le Rabbi Josuah est une figure historique (...) et si, de surcroît, nous refusons de reconnaître en ce prophète belliqueux de l'amour le Fils de Dieu et le Rédempteur, nous découvrirons peut-être que sa mort atroce était un *suicide en puissance,* et en tout cas nous dirons qu'il a cédé à l'inclination de la mort, d'autant que tous les portraits qui le montrent sur la croix le représentent avec la tête tristement tournée vers la terre ; on a l'impression que le crucifié vient non seulement de crier vers son Dieu, sans comprendre qu'il l'a abandonné, mais aussi qu'il veut faire entendre aux hommes : soyez bons, soyez mauvais, partez, tout revient au même[2].

Avant d'entrer dans le vif du sujet, notons d'emblée que les Pères de l'Église, certains tout au moins, n'auront pas les scrupules d'un J. Améry – historiquement datés d'un âge mécréant qui a oublié que « se livrant de lui-même à la mort dans son Fils, Dieu permet le blasphème de ceux qui croient aujourd'hui le mettre à mort »[3], fût-ce au prix d'un suicide. Pourquoi, en effet, multiplier les attendus ? Quelle étrange pusillanimité oblige à exclure *a priori* la divinité de Jésus pour conclure à une mort volontaire ? De fait, ce sont pudeurs ou candeurs d'agnostique ou d'athée, qui rougissent des audaces de leurs aïeux et n'ont pas idée de la liberté d'esprit qui souffla dans la théologie des premiers siècles avant la grande « pacification » postaugustinienne. Mais il est

1. Rejoignant ainsi Primo Levi et Paul Celan. Évoquant l'obsession du suicide chez Sylvia Plath, A. Alvarez (*Le Dieu sauvage,* 1972, p. 39) a cette formule troublante : « C'était un acte auquel elle pensait avoir droit en tant qu'adulte possédant son libre arbitre, tout comme elle le croyait nécessaire à son développement, étant donné sa bizarre conception de l'adulte comme un survivant, un Juif imaginaire des camps de concentration de l'esprit. »
2. J. Améry, *Porter la main sur soi,* p. 91.
3. J. Moingt, Gratuité de Dieu, *Recherches de science religieuse,* 83, n° 3, 1995, p. 336-337.

vrai que toute l'entreprise de construction doctrinale amorcée dès le milieu du Ier siècle aura pour dessein d'« assagir » la théologie, de la domestiquer, de l'armer contre les « rares insanités » et autres « niaiseries » que dénonça Origène chez un Celse.

Dès lors, on voit aussi combien il est difficile de parler de Jésus sans faire intervenir le Christ, d'invoquer le Fils sans impliquer le Père, d'imaginer le Golgotha sans quelque *deus ex machina* : « La théologie, assignée par le sacrifice, est subordonnée aux catégories intramondaines dans la mesure où, sinon continuellement, du moins occasionnellement, le sacrifice intervient de nouveau comme *deus ex machina* et que l'immanence subjective plonge dans le vide d'une négation abstraite. »[1] Sans cette mise en scène « par le *Deus* descendu de sa *machina* »[2], sans cette « histoire truquée » du « sacrifice paradoxal », qui revient à déposséder le Christ de sa volonté dans la mort pour la donner à son père, le sacrifice, dans toute son abjection, est alors volonté de la mort d'autrui : à la limite, le Christ est ainsi dépouillé de son suicide par un Dieu frappeur ou par un Dieu déicide, si l'on consent à courir le risque d'enniaiser la théologie de quelques épithètes décoratives[3]. *Id fecit qui prodest :* le crime profitant au Père, c'est lui le coupable, plutôt que les « Juifs » de Jean.

Aucune évolution ne saurait mener au-delà de l'homme, affirmait Schopenhauer, parce qu'aucune créa-

1. Th. Adorno, *op. cit.*, p. 199.
2. J. Chomarat, *Grammaire et rhétorique chez Érasme*, Paris, Les Belles Lettres, vol. I, p. 640, à propos de la Passion vue par Érasme.
3. Cette remarque vaut pour les élucubrations théologiques et n'a nullement valeur de commentaire sur la fécondité morale et iconographique de ce thème. Voir D. Alexandre-Bidon, *Le pressoir mystique*, 1990, et notamment Fr. Boespflug, « Un dieu déicide ? Dieu le Père au pressoir mystique : notations et hypothèses. »

ture d'une nature supérieure ne supporterait la vie telle qu'elle est et qu'elle y mettrait un terme au plus tôt en percevant son caractère insupportable : bref, elle aurait le choix entre le suicide et la rédemption, celle-ci étant l'envers de celui-là. Libre à chacun d'y lire en creux une chimère d'amateur de science-fiction ou, à l'opposé, un commentaire sur la vie du Christ et sa mort prématurée. Au demeurant, n'en déplaise à Kant, conçoit-on une philosophie de la Rédemption qui ne soit aussi une philosophie de la *mors voluntaria* ?

KÉNOSE ET MORT VOLONTAIRE

Hegel avait plus de modestie que les prophètes de la « mort de Dieu » quand, évoquant son Vendredi saint spéculatif, il n'en faisait qu'une « aliénation », un « redoublement » de l'*exinanition,* comme dit John Donne dans son *Biathanatos* (III, IV, 5), ou de la *kénose,* c'est-à-dire de l'extrême abaissement du Christ en croix, de son « extase de mort »: historiquement, l'expression de la « mort de Dieu » a d'abord été un emprunt des Lumières à la théologie de la Croix des premiers siècles[1]. « Dieu se sacrifie lui-même, il se livre à l'anéantissement. Dieu lui-même est mort »[2], affirme Hegel, qui était en cela d'une irréprochable orthodoxie, car s'il fut une chose acquise dès l'origine, plus précisément depuis saint Paul, c'est bien que le Christ « s'anéantit » ou, mieux encore, « s'évida » (*ekenôsen* ; Ph 2, 7). L'ambiguïté de l'expression, le « piège de la croix » comme dira Augus-

1. E. Jüngel, *Dieu mystère du monde. Fondement de la théologie du Crucifié dans le débat entre théisme et athéisme,* trad. franç., Paris, Cerf, 1983, p. 120.
2. Voir F. Nicolin, *Unbekannte Aphorismen Hegels aus der Jenaer Periode,* Hegel-Studien, 4, 1967, p. 16.

tin (*Sermon* 130), devait être particulièrement sensible puisque vers 400, dans son *Commentaire de l'épître aux Philippiens* (VIIe homélie) de saint Paul, Jean Chrysostome jugera nécessaire d'apporter une nuance qu'on retrouve, sous une forme ou sous une autre, chez bien des Pères :

> De crainte que cette expression « il s'est anéanti lui-même » ne fît soupçonner quelque changement, quelque dégénérescence, un acheminement vers la destruction, l'apôtre précise : tout en demeurant ce qu'il était, il a pris ce qu'il n'était pas ; devenu chair, il est resté Dieu Verbe.

Autrement dit, « s'évidant », le Fils s'est crucifié en exaltant le Père, nullement remis en cause par cette « exinanition ». Voilà pourquoi votre théologie est muette !

Mais chez Hegel, la question de la nécessité évacue celle de la volonté du Christ, et si la mort est dûment constatée – ne fût-ce que pour l'espace de trois jours *(triduum mortis)* –, ses modalités sont apparemment de peu d'importance. Du moins Hegel ne prétend-il pas être l'auteur de cette mort, dont Nietzsche, le « plus célèbre des assassins de Dieu » (A. Camus), feignit, après d'autres, de revendiquer la paternité. « Feignit », puisque dans le *Gai savoir* (§ 343), il explique benoîtement que « Dieu est mort » signifie simplement que « la croyance au Dieu chrétien est tombée en discrédit ».

D'autres lectures, celle de Jean Paul par exemple, en écho au *Christ mort* de Holbein, mettront pareillement en évidence le cadavre...[1] et le devenir-athée du monde après le Golgotha : « C'est le jour où Dieu lui-même est mort, où la vie éternelle a été amenée à coïncider avec la mort éternelle. »[2] Dans ses « Paroles prononcées par

1. Par exemple Dostoïevski, *L'idiot,* Paris, Gallimard, « Bibliothèque de la Pléiade », 1953, p. 496.
2. H. U. von Balthasar, *La gloire et la croix,* IV, 2, Paris, Aubier, 1982, p. 240, commentant *L'idiot* de Dostoïevski.

le Christ mort du haut de l'édifice du monde et affirmant que Dieu n'existe pas » (1796), une fable qui troubla Mme de Staël au point de l'amener à en donner une traduction édulcorée dans son *De l'Allemagne,* le Christ lui-même, à la dernière heure, ne croit plus en Dieu[1]. Mais il est vrai, comme dit Montherlant, « que le dieu est le seul qui n'ait pas besoin de croire »[2]. Rares sont cependant les modernes qui ont poussé la liberté d'esprit jusqu'à envisager pour le Christ autre chose que cette petite histoire politico-policière assez mal ficelée, dont on abreuve avec force larmoiements les catéchumènes. Une théologie fatiguée de « série noire », usant avec une extrême prodigalité des moyens les plus économiques. Pourtant, l'affirmation péremptoire de Jürgen Moltmann, « le Christ ne s'est pas tué lui-même »[3], est loin d'avoir été toujours reçue comme parole d'Évangile.

Aux IVe-Ve siècles, par exemple, lorsqu'un Jean d'Apamée, dans son *Deuxième traité sur les mystères du Christ,* évoque la mort sur la croix, une moindre pudicité et une proximité plus grande des origines, peut-être, lui inspirent un oxymore pour le moins détonnant : le Christ, affirme-t-il « s'est crucifié lui-même ». Même en subodorant quelque métaphore, ce à quoi

1. J.-P. Richter, *Siebenkäs,* Paris, Aubier, 1963, vol. I, p. 446 sq., et G. de Staël, *De l'Allemagne,* IIe Partie, chap. XXVIII, Paris, Garnier-Flammarion, 1968, vol. II, p. 53-55, « Un Songe ». Voir la présentation de J.-M. Paul, *Dieu est mort en Allemagne,* 1994, p. 78-83.

2. Montherlant, La mort de Peregrinos, *Aux fontaines du désir* (1927), repris *in* Montherlant, *Essais,* Paris, Gallimard, « Bibliothèque de la Pléiade », 1963, p. 258.

3. J. Moltmann, *Le Dieu crucifié,* Paris, Cerf, 1974, p. 148. Le théologien moderniste « révolutionne » la théologie en remplaçant les Juifs, traditionnels coupables, « cause efficiente », de la mort du Christ par un conflit entre « Jésus et la Loi » *(sic).*

rien ne nous autorise, la contradiction dans les termes est aussi phénoménologiquement choquante, voire blasphématoire, aux yeux des modernes que l'usage du réfléchi – signe probant et incontestable d'une volonté jusque dans la mort, sinon d'une mort volontaire. Signe aussi d'une dissociation possible entre l'agent et le patient pour que la contradiction soit tenable. Jean d'Apamée eût-il en effet employé « s'est sacrifié », qu'il aurait déjà livré une interprétation réductrice, puisque, dans le langage d'Église, l'altruisme d'une mort volontaire transforme un suicide en sacrifice[1].

Si l'expression lui appartient, l'idée n'était pas nouvelle. On la trouve en vérité dès le IIe siècle chez Tertullien puis, quelques décennies plus tard, sous la plume d'un Origène appliqué à « déconstruire » l'Évangile de Jean. Dès lors, ce thème de la mort volontaire du Christ, voire du suicide (?), restera omniprésent dans la réflexion des théologiens, pour prendre un relief particulier chez saint Thomas ou John Donne – quoique en des sens et à des fins diamétralement opposés.

CATÉGORIES *A PRIORI* DE LA MORT DE DIEU

Dans une note de *La religion dans les limites de la simple raison* (éd. de 1794), c'est un Kant, plus dogmatique que jamais, fort « peu problématique », qui éprouve le besoin de dénoncer l'interprétation « romanesque » que

1. Ainsi peut-on lire sous la plume d'un théologien : « Le suicide est l'antipode du sacrifice » : dans le suicide on meurt parce qu'on a perdu ses raisons de vivre, dans le sacrifice on veut les sauver. X. Tilliette, Mort et métaphysique, *Recherches de science religieuse*, 67, n° 2, avril-juin 1979, p. 167.

Karl Friedrich Bahrdt a donnée de la mort du Christ dans son *System der moralischen Religion* : dans le combat contre le principe du mal, explique-t-il, il a dû « donner sa vie », non « qu'il ait *cherché* sa mort pour avancer un bon dessein par l'éclat d'un exemple excitant et brillant ; c'eût été un suicide (...). Quelle que puisse être la fin recherchée, on ne peut disposer de soi et de sa vie comme d'un moyen et devenir le *créateur* de sa mort »[1]. Donc, le Christ ne s'est pas suicidé, pontifie Kant, bien piètre logicien, répudiant par la tangente le syllogisme anselmien sur lequel il nous faudra revenir. Pour l'heure, on se contentera de souligner le sophisme en forme de syllogisme en s'étonnant simplement de trouver, sous la plume de Kant, une aussi grossière confusion entre le faire, qui suppose en effet quelques moyens, et la création, plus habituée depuis Charles de Bovelles à flirter avec l'*ex nihilo*.

En 1786, dans son texte sur les « intentions de la mort de Jésus » – il s'agit aussi bien des intentions de Jésus (Christ agent) que de la nécessité de sa mort dans l'économie de la rédemption (Christ patient) –, Fichte fera preuve de plus de prosaïque bon sens en admettant que le « Christ aurait pu » échapper à sa « mort déshonorante [...] s'il avait voulu agir contre sa conscience », mais il a souffert de « son plein gré » pour « le bien du monde ». Une prudente antiphrase suivie de l'intention avouée, et le tour est joué. Mais la circonvolution est habile et épouserait de près la logique de la mort volontaire, si Fichte ne corrigeait aussitôt le tir en introdui-

1. 2e section de la IIe partie, trad. A. Philonenko, *in* Kant, *Œuvres philosophiques,* vol. III, Paris, Gallimard, 1986, p. 101. Voir aussi M. J. Seidler, Kant and the Stoïcs on Suicide, *Journal of the History of Ideas,* XLIV, 1983, p. 429-453.

sant, en conformité avec le trope de la lettre aux Hébreux, la « résignation à la volonté de Dieu » et le « sacrifice pour le bien du Tout » (plus loin il ajoute que mort et résurrection sont une même et seule chose : la théologie chasse la phénoménologie). Évoquant le martyre, Fichte retrouve les accents d'un Tertullien ou d'un Origène, voire d'un Cyprien, pour évoquer, non sans audace, ces premiers chrétiens que « le désir de ressembler à Jésus » rendait « presque avides de souffrance ». Presque étant un adverbe qui ne veut presque rien dire, on se demandera si le léger trouble qu'il trahit sous la plume de Fichte vient de la crainte de leur prêter le péché d'envie qu'avouait Simone Weil ou de la peur de conclure carrément au désir de mort.

Près d'un siècle plus tard (1876), un certain Philip Batz (1841-1876), alias Philip Mainländer, écrira une *Philosophie de la rédemption* suggérant, comme dit Borges, que « nous sommes les fragments d'un Dieu qui, à l'origine des temps, se détruisit, avide de ne pas être ». Sans doute ce gnosticisme athée, fortement cioranesque, est-il la source de Borges dans son poème *Le suicidaire* :

> Aucune étoile ne restera dans la nuit,
> Ni la nuit ne restera.
> Je mourrai et avec moi mourra la somme
> de l'intolérable univers. [...]
> J'effacerai l'accumulation du passé.
> Je réduirai en poussière l'histoire,
> en poussière la poussière. [...]
> Je lègue le néant à personne[1].

« Je condamne ladite nature [...] à la destruction en même temps que moi-même », tranche plus sobrement

1. J.-L. Borges, *Treize poèmes,* trad. Roger Caillois, Montpellier, Fata Morgana, 1978.

le « suicidé par ennui » de Dostoïevski[1]. C'est assurément « soliloque d'un solipsiste » (S. Plath), mais sa faculté même de léguer le néant lui donne un caractère werthérien démiurgique, voire divin : il est « solipsiste sans *ipse* », comme dit Adorno[2], c'est-à-dire sans faculté de réflexion, jusque dans sa propre mort. « Je suis la cause de moi-même, expliquait déjà Maître Eckhart. Avec ma naissance ont pris naissance aussi toutes choses, j'ai été à la fois ma propre cause et celle de la totalité des choses. Et si je voulais, ni moi ni aucune chose n'existeraient. Mais si moi je n'étais pas, Dieu non plus n'aurait pas été. » On n'est pas obligé de solliciter beaucoup le mystique rhénan pour reconnaître dans son propos, plus qu'une profession de foi, une philosophie du solipsisme divin. Toute l'aporie du geste suicidaire et de la part de mort volontaire dans le destin christique est dans cette antinomie, autour de laquelle tournera un Kierkegaard empêtré de morale sans parvenir à une résolution bien probante.

ATERMOIEMENTS : COUPABLE MAIS PAS RESPONSABLE

Dans son *Journal*, en date du 16 août 1847, où il annonce le propos de ses *Deux petits traités éthico-religieux*[3], Kierkegaard observe justement : « La dogmatique de la mort rédemptrice du Christ a fait perdre complètement de vue l'événement lui-même. » Comment le retrouver ?

1. F. Dostoïevski, *Journal d'un écrivain*, Paris, Gallimard, « Bibliothèque de la Pléiade », 1972, « Une sentence », p. 728.
2. Th. W. Adorno, *Minima Moralia, Réflexions sur la vie mutilée*, Paris, Payot, 1980, p. 208.
3. S. Kierkegaard, *Œuvres complètes*, vol. 16, Paris, Éditions de l'Orante, 1971.

Comment lui rendre son caractère incommensurable sans blasphème ?

Dans son « essai poétique » en forme de traité éthico-religieux, *Un homme a-t-il le droit de se laisser mettre à mort pour la vérité ?* (1847), S. Kierkegaard reprend donc la question où l'avait laissée Kant, tout en la rendant insoluble, sinon en postulant ce qui est précisément en question : le « je suis la Vérité » du Christ, qui reviendra à faire du Christ le responsable de sa mort, le fruit de sa « libre résolution », dont l'humanité, elle, est coupable – telle est la réponse de la « théologie ». Dans la formulation qu'en donne Kierkegaard, la question se présente ainsi :

> *Je peux bien concevoir que Christ, tout amour, ait pu vouloir sacrifier sa vie* PAR AMOUR ; MAIS JE NE PUIS CONCEVOIR QUE LUI, TOUT AMOUR, AIT PU LAISSER LES HOMMES SE RENDRE COUPABLES DE LE METTRE A MORT, *ait pu permettre cet événement ; il me semble qu'il eût dû par amour les en empêcher.*

Ce qui, en revanche, est indubitable, c'est que le Christ ait voulu « dans l'amour », « mourir la mort rédemptrice ». On est tenté de demander : y a-t-il une raison autre que dogmatique de distinguer ce « vouloir mourir » christique de la « mort volontaire » du stoïcien ? Kierkegaard y insiste lourdement : les Juifs – appellation générique de l' « espèce humaine » – sont coupables, mais le Christ « veut mourir la mort rédemptrice », « il est venu au monde avec ce *dessein* ». Il aurait eu le pouvoir de l'empêcher, « mais il *est* la vérité. Il *veut* sa mort ». Dans le cas du Christ, seul, il est permis de parler de « libre collaboration à sa propre mort ». Chez lui, seul, il y a « liberté d'autodétermination (...) par laquelle il contribue à sa mort ainsi qu'à charger la conscience des autres de son meurtre ». Comme s'il craignait la méprise, comme s'il redoutait de n'avoir su jusqu'où aller trop loin, il rectifie :

Pourtant, il n'en est pas ici comme d'un homme qui, en voulant sa mort, tente Dieu. Sa libre résolution de vouloir mourir est en éternelle harmonie avec la volonté de son Père. Quand un homme veut sa mort, il tente Dieu, parce que nul ne doit avoir la témérité de se croire en tel accord avec Dieu.

Étrange syllogisme qui, de la mort volontaire, conclut à la divinité-vérité du Christ pour conjurer le double blasphème d'un Christ *irresponsable* et d'une humanité non coupable. Mais conscient de sa prémisse, Kierkegaard précise que cela ne se conçoit que dans le *croire,* qui est « croire le divin et l'humain réunis en Christ ». Seul le Christ, parce qu'il est vérité, pouvait permettre à d'autres de se rendre coupables de son meurtre. Lui est innocent « au sens le plus noble ». Le pouvoir *« rétroactif »* de la mort du Christ, qui lave la conscience des hommes du crime impardonnable d'avoir donné au Christ la mort qu'il voulait, achève l'exonération du *divin-humain... ad majorem gloriam Dei !*

Mais s'il y a mort volontaire, encore une fois, pourquoi ne pas parler de suicide ? On est en droit d'attendre des explications.

Si la circonstance capable d'innocenter les coupables est leur impossibilité, malgré toute leur meilleure volonté, de comprendre leur victime, on est d'autant plus responsable de les laisser se rendre coupables d'un meurtre, et il semble qu'il n'y ait pas d'autre issue que le suicide pour résoudre le conflit.

L'apparence est trompeuse ! Car, en martyr de la vérité, renchérit Kierkegaard, le Christ a « produit la provision de force qui cause sa perte », il a insufflé à son époque « la passion de le faire mourir », la « force de l'exaspération ». Il a « créé sa mort », aurait dit Kant. Autrement dit, en se donnant la mort, la « vérité absolue » est dans le vrai. Le suicide du fils de l'Homme se confond alors avec le meurtre. Le Christ devait laisser « le monde impie se rendre ainsi coupable. (...) Il ne pouvait empêcher la mort ; Il était venu au monde pour la subir ». Où l'on retrouve le théâtre baroque cher à Borges, théâtre d'un monde voué à servir de scène à ce suicide cosmique par procuration. De la Rédemption conçue comme mort volontaire déguisée en meurtre, mais rachetée par la résurrection : le Christ a choisi sa mort et a fait de l'humanité le vicaire de sa volonté. Mais est-ce le Dieu qui expie par le tombeau vide d'avoir poussé l'homme à commettre cette violence inouïe, ou est-ce l'humanité qui est rachetée d'avoir été la victime innocente d'un divin *felo de se* ? Le blasphème est proche. Gageons que Kierkegaard prétendait s'en garder en protestant d'emblée de la nature « poétique » de son essai. Donne fera moins de simagrées.

AVATARS ULTIMES DE LA PREUVE ONTOLOGIQUE

A tout le moins le suicide du Christ, s'il est d'ores et déjà permis d'avancer cette hypothèse de travail patristique, ressortit donc à la même catégorie que celui d'une Antigone ou d'un Socrate[1], à ceci près qu'il faut faire intervenir ici le syllogisme divin obligé depuis le *Proslogion* d'Anselme de Cantorbéry : « Si Dieu existe, il est parfait ; or, l'existence est un attribut de la perfection, donc Dieu existe. » Et qui dit perfection, dit *principium sui* ou *causa sui,* autotranscendance, partant autodérivation de soi-même. Un tantinet sommaire, ce fut pourtant de la bonne et robuste théologie « platonicienne », ou néo-

1. Le parallèle Jésus/Socrate est explicite chez Origène, *e.g. Contre Celse,* II, 17.

platonicienne si l'on préfère, avant de devenir de la métaphysique médiévale puis romantique et, surtout, nietzschéenne. La perfection est ici d'essence, ontologique, non simplement morale comme elle peut l'être chez Socrate ou Antigone (mais est-ce si sûr ?).

Quand Nietzsche parle de son *Übermensch,* il faut entendre le Christ ou lui-même. Sans doute cette identification aurait-elle été plus apparente si ce transi énamouré de la transcendance avait subodoré l'abâtardissement de son « surhomme » en vulgaire *Superman.* En revanche, si l'on restitue au « surhomme » sa dimension, non plus métaphysique de bazar, mais christique, on obtient un Nietzsche apparemment plus proche des préoccupations des Pères de l'Église. C'est à cette « invention » d'une théologie patristico-nietzschéenne que s'applique Hans Blumenberg dans quelques-unes des pages les plus lumineuses de sa *Passion selon saint Matthieu.*

Au terme d'une longue et subtile analyse de la preuve ontologique de saint Anselme mise en parallèle avec la genèse du Surhomme nietzschéen, il en arrive alors imperceptiblement à une théologie de l'anamnèse ouverte par le « Dieu mort » de Nietzsche, ce « dieu qui par la mort est définitivement devenu »[1]. Sans doute est-ce au Nietzsche d'*Ainsi parlait Zarathoustra* qu'il pense, et notamment à ces lignes étrangement méconnues relatives à « l'Hébreu Jésus », que l'on trouve dans les paragraphes intitulés « De la mort volontaire » :

> En vérité, il est mort trop tôt, cet Hébreu que vénèrent les prédicateurs de la mort lente ; et pour beaucoup d'hommes, c'est une fatalité qu'il soit mort trop tôt. [...] Et voici, le désir de la mort le saisit subitement[2].

1. H. Blumenberg, *La passion selon saint Matthieu,* p. 354.
2. F. Nietzsche, *Ainsi parlait Zarathoustra,* trad. G. Bianquis, Paris, Aubier, 1992, p. 170.

Trop tôt, parce qu'il n'a pas su suivre le conseil de Zarathoustra : « Meurs à temps ! » *(stirb zur rechten Zeit !)*. Car Nietzsche semble lui reprocher non pas d'être mort volontairement, ce qu'il paraît tenir pour acquis sans la moindre trace de dérision (Dieu s'est tué lui-même, Nietzsche n'a abattu que des idoles), mais alors qu'il ne « connaissait que la haine des bons et des justes ». Il aurait fallu qu'il apprît « à vivre et à aimer la terre – et à rire par surcroît ».

Si Jésus est mort trop tôt, c'est que sa mort n'était pas « le sceau de l'accomplissement » ; « calomnieux de la nature », assure Nietzsche dans le *Gai savoir*, il est mort avant de « se rétracter ». L'heure n'avait pas sonné où il eût été « libre de mourir et libre en sa mort, négateur sacré quand il n'est plus temps d'affirmer ». Le sage, quant à lui, veille que sa mort ne soit point un « blasphème », mais qu'elle apprenne aux hommes à « mieux aimer la terre ». Autrement dit, Jésus n'était donc pas un sage : il aurait raté le devenir-dieu que se propose le Surhomme. Il avait compris qu'il fallait mourir contre les « prédicateurs de la mort lente », mais il n'avait pas su choisir son heure.

Car si mourir est une épreuve, c'est d'abord un « art », comme disait Sylvia Plath d'une formule éminemment nietzschéenne, pour peu qu'on accepte d'y porter la main :

> Mourir
> Est un art, comme toute autre chose.
> Je le fais exceptionnellement bien. (...)
> Vous pourriez, j'imagine, dire que j'ai la vocation[1].

1. Lady Lazarus *in* Sylvia Plath, *Collected Poems*, Londres, Faber & Faber, 1981, p. 245.

Tel que le voyait Nietzsche, le Christ n'avait donc pas compris toute la portée esthétique de son geste, de sa vocation. L'essentiel, la vraie nouveauté, est donc ailleurs. Lue dans la perspective anselmienne, la théologie nietzschéenne de la « mort de Dieu » prend en effet un relief nouveau :

... On se rapproche sans y prendre garde d'un nouveau, éventuellement d'un ultime degré du concept de Dieu, qui peut s'exprimer négativement[1] ainsi : Dieu ne pouvait être tué, et dans cette mesure la mort de Dieu chez Nietzsche n'est qu'en surface l'acte meurtrier du surhomme ou de celui qui était résolu à cet acte comme à tout autre[2].

Le mot « Dieu est mort » serait plus facile à comprendre s'il « signifiait que Dieu lui-même s'est éloigné spontanément de sa présence vivante », observait déjà M. Heidegger[3], tout à son goût du pathos et de l'alambic. Constatant avec ce dernier que « le mot de Nietzsche nomme la destinée de vingt siècles d'Histoire occidentale »[4], H. Blumenberg, use de moins de circonvolutions pour risquer une conclusion d'une tout autre portée :

Si Dieu était mort, il l'était de par lui-même, tout comme il n'avait existé que par lui-même, en tant que *causa sui ipsius*[5].

La mort volontaire du Dieu serait alors la conséquence nécessaire du syllogisme divin amorcé par Lactance – *Deus ipse se fecit*[6] – et développé par saint

1. Sur les rapports entre kénose et apophase, voir l'analyse séminale d'Y. Labbé, La théologie négative dans la théologie trinitaire, *Revue des sciences religieuses* (Strasbourg), n° 4, octobre 1993, p. 69-86, en particulier p. 74 sq.
2. H. Blumenberg, *op. cit.*, p. 357.
3. M. Heidegger, Le mot de Nietzsche « Dieu est mort », in *Chemins qui ne mènent nulle part*, trad. franç., Paris, Gallimard, 1962, p. 314.
4. *Ibid.*, p. 258.
5. H. Blumenberg, *op. cit.*, p. 357.
6. Lactance, *Divinarum Institutionum*, II, 8.

Anselme, qu'il faudrait maintenant reformuler ainsi : « Si Dieu existe, il est parfait. S'il est parfait, il est l'auteur de sa vie comme de sa mort. Sa mort volontaire est donc un signe de sa perfection, partant de son existence. » Si l'on retient la définition « juste et simple » que donne P.-L. Landsberg du suicide – « l'acte par lequel un être humain crée volontairement ce qu'il croit être une cause efficiente et suffisante de sa propre mort »[1] –, la mort volontaire marque alors l'achèvement, l'accomplissement, du concept même de Dieu, le but ultime de sa « gradation » : elle est le mode même de l'existence et de la présence de Dieu au monde[2]. Dans cette optique, Nietzsche est bien le « philosophe de la dernière conséquence » que salue le très heideggerien H. Birault[3]. Il ne resterait désormais de preuve de l'existence de Dieu que l'acte par lequel Dieu a pris congé de l'existence en affrontant la « mort comme dans Villon », une mort d'hémoglobine : « Comme une preuve par la limite », dirait Péguy, une « contre-création », voire une « décréation ». Si l'on admet, avec Montherlant, que se tuer c'est prouver l'inexistence de Dieu, Dieu qui se tue prouve paradoxalement son existence. Dans ce geste, la question du *Um-zu-Motiv* (du dessein, en l'occurrence de la Révélation) et du *Weil-Motiv* (de l'événement, en l'espèce de la Croix), pour reprendre la distinction élaborée par J. Baechler dans son analyse de la logique des conduites suicidaires, se

1. P.-L. Landsberg, « Le problème moral du suicide», p. 126, même si l'auteur juge « insensée » l'idée de « vouloir voir dans le Christ une sorte de suicidé » (*ibid.*, p. 127) et semble oublier que Thomas d'Aquin abordera précisément la question en termes de « cause efficiente ».

2. G. Koch, *Die Zukunft des toten Gottes,* 1968, p. 293 sq. Voir H. U. von Balthasar, Théologies inscrivant la souffrance et la mort dans l'essence divine, in *La dramatique divine,* IV : *Le dénouement,* Paris, Le Sycomore, 1993, p. 205-213.

3. H. Birault, *Heidegger et l'expérience de la pensée,* Paris, Gallimard, 1978, p. 623.

confondent : à travers cette mort, c'est Dieu qui se montre dans « l'impuissance de sa puissance divine »[1].

Comme l'avait bien vu Péguy dans « un fulgurant court-circuit digne des Pères de l'Église »[2], le *fiat voluntas* de Gethsémani répond, sous ce jour, au « *fiat lux* du commencement du monde » : « Ainsi le veut la grammaire. Ce subjonctif répondait à ce subjonctif. [...] Un deuxième commencement répond au premier ; une deuxième création répond à la première. »[3] Gethsémani nomme l'heure – « à cinquante siècles de distance, depuis avant Adam »[4] – où Dieu a créé la mort du Dieu-homme après avoir créé son image : l'homme.

Tout se passe comme si au « Vous serez comme des Dieux » du Tentateur, qui avait valu la mort aux hommes, allait désormais répondre le *Ecce homo,* c'est-à-dire la mort volontaire du Dieu-homme promesse de divinisation. Tout comme l'homme avait « choisi » la mort par le péché, Dieu « choisit » la mort en embrassant la condition du pécheur : « Avec Jésus, dit encore pieusement Jean Bastaire, il ne faut pas oublier de payer son écot au guichet de la souffrance et de la mort. Il ne faut pas oublier de passer par la porte étroite du néant. »[5] Loin de se détruire « du même coup comme théologie », ainsi que le veut une idée largement reçue[6], cette théologie de la mort de Dieu, ou plus exactement du Dieu mort, fonde alors une théologie du suicide.

1. G. Koch, *op. cit.,* p. 293.
2. J. Bastaire, introduction à Ch. Péguy, *Gesthsémani,* Paris, Desclée de Brouwer, 1995, p. 19.
3. Péguy, *op. cit.,* p. 85-91.
4. *Ibid.,* p. 85-86.
5. *Ibid.,* p. 22.
6. Et que l'on trouve, entre autres, sous la plume de J. Moingt, *L'homme qui venait de Dieu,* Paris, Cerf, 1993, p. 606. Voir aussi E. Jüngel, *op. cit.,* p. 67-68, 87-88.

Justement dénoncée par J.-L. Marion, « l'évidence naïve et agressive que le plus haut nom du divin réside dans la *causa sui* » cesse d'être une naïveté relevant d'un « anthropomorphisme à demi-conceptuel et entièrement non critiqué »[1], bref de l' « idolâtrie », dès lors qu'est introduite la possibilité même d'une fin de Dieu : de même que Diogène prouvait le mouvement en marchant, Dieu se prouve en disparaissant pour ainsi dire « physiquement », comme le suggère H. Blumenberg après Nietzsche, et Jésus apparaît alors comme le « bras armé » qui consacre tout à la fois le parachèvement du concept et son dépassement. Pour Miguel de Unamuno, prétendre définir Dieu, c'était le tuer[2] : c'est maintenant Dieu qui prétend se définir en choisissant de se tuer. Ainsi deviennent caduques les cavillations kantiennes de l'ancienne doxologie suivant laquelle, « loin que l'affirmation de Dieu soit préalable à la condamnation du suicide, c'est la condamnation du suicide qui appelle nécessairement l'affirmation de Dieu »[3].

Après Jésus, le « Dieu sauvage » qu'entrevoyait Yeats ? Pour dire les choses autrement, la pseudo-négativité même du geste suicidaire de « Jésus-Christ », peut seule donner un contenu positif à un « Dieu divin » pensé « à partir de Dieu seul »[4]. La porte fermée par le Christ est une porte ouverte au divin : dans la perspec-

1. J.-L. Marion, *Dieu sans l'être. Hors-texte,* Paris, Communio/Fayard, 1982, p. 57 n. Cf. aussi L'argument relève-t-il de l'ontologie ?, in *Questions cartésiennes,* Paris, PUF, p. 221-258.
2. M. de Unamuno, *Le sentiment tragique de la vie,* Paris, Gallimard, 1937, rééd. 1979, p. 200.
3. L. Meynard, *Le suicide,* 1970, p. 123. Cf. Cl. Rosset, *Le démon de la tautologie,* Paris, Éditions de Minuit, 1997, p. 27.
4. J.-L. Marion, *Dieu sans l'être,* p. 59.

tive du Dieu mort, cette théologie de la porte résume la théologie du suicide.

A l'issue d'une vie obsédée par sa mort, la vie éternelle sera en effet la grande affaire du Mourant, pour ainsi dire *perinde ac cadaver* – le Jésus mortel ambitionnant d'être Christ immortel –, l'enjeu de sa mort. L' « embarras de carence », comme dit Jean Améry constatant, dépité, les maigres choix que nous offrent l'existence (vivre ou mourir), ne lui entrebâillait guère d'autre porte.

Chapitre II

Une théologie à la romaine : du suicide comme supériorité de l'homme sur Dieu

Il faut qu'une porte soit ouverte ou fermée.
Alfred de Musset, *inter alia*

« La porte est toujours ouverte », dira Épictète après Sénèque. Mais ouverte par qui et pour qui ? Cioran avait-il raison, qui rappelait que pour mieux mesurer le recul que représente le christianisme par rapport au paganisme, il n'est qu'à comparer les « pauvretés » qu'ont débitées les Pères de l'Église sur le suicide avec les opinions émises sur le même sujet par un Pline, un Sénèque et même un Cicéron[1] ? Hans Blumenberg abonde dans ce sens lorsqu'il s'étonne de la « pusillanimité verbale » des théologies chrétiennes, « leur carence due à la pauvreté lexicale. Ces théologies parlent toujours la langue des autres, surtout celles des philosophies », à commencer par la « Providence »[2].

1. Voir, par exemple, *Écartèlement,* 1979, p. 132, et Cioran, Ressources de l'autodestruction, in *Précis de décomposition*, p. 56-59.
2. H. Blumenberg, *La passion selon saint Matthieu,* 1996, p. 22.

Un lieu commun sur le paganisme veut, à l'opposé, qu'il soit une « impuissance radicale de sortir du monde »[1], qu'il n'offre d'autre horizon que la tombe, bref, que tout y soit irrémissible et sans remède, faute de transcendance. Qu'en est-il de ce souverain poncif au regard des textes du premier siècle, quasi contemporains, on ne le soulignera jamais assez, des Évangiles et des actes des apôtres ?

Il est utile à la société qu'on croie que les dieux s'intéressent aux choses humaines [...]. Mais ce qui nous console surtout de l'imperfection de notre nature, c'est que même Dieu ne peut pas tout : il ne peut se donner la mort, quand même il le voudrait *(Deus non sibi potest mortem consciscere si velit),* le plus beau privilège qu'il ait accordé à l'homme au milieu de tous les maux de la vie.

On aura reconnu Pline l'Ancien, aux § 26-27 de sa *Cosmologie*[2]. Dieu lui-même ne saurait se donner la mort, et c'est là son infériorité : autrement dit, la mort volontaire est, plus que le privilège du sage, ce que Pic de la Mirandole appellera la dignité de l'homme, la seule chose que Dieu lui ait « donnée en propre » : sans la liberté d'abandonner son existence, dira le théologien D. Bonhoeffer, « l'être humain ne serait pas un être humain »[3]. L'immortalité divine fait pâle figure à côté de ce pouvoir,

1. Ce mot est d'E. Lévinas, mais résume la pensée d'une légion d'épigones.
2. Livre II de son *Histoire naturelle.* La *theologia* étant devenue *meteorologia,* science des astres, avec Aristote. Cf. J. Lagrée, *La religion naturelle,* Paris, PUF, 1991, p. 8.
3. D. Bonhoeffer, *Ethik,* Munich, 1966, p. 176 sq. Mais le théologien pense à un homme qui va au-devant de la mort dans l'intérêt des autres – par exemple, Maximilien Kolbe.

qui paraît d'ailleurs assurer quelque immortalité. Dieu semble envier à l'homme cette faculté. Loin d'être dans l'air du temps, on a ici affaire à un hapax, dont la double postérité sera à chercher, de longs siècles plus tard, du côté des Renaissants, chez Nicolas de Cues, dans son *De ludo globi* (§ 53), et plus encore, chez Marsile Ficin et Gémisthe Pléthon, mais aussi chez Montaigne et dans les Lumières. Il est vrai, cependant, que la philosophie des premiers est un christianisme mâtiné de néo-platonisme, un syncrétisme « à la romaine » aurait dit Sénèque.

SUICIDE ET RELIGION NATURELLE

La filiation, en revanche, est plus directe chez Montaigne et les « philosophes ». Si Montaigne (*Essais,* II, 3) se contente de substituer la « Nature » à la Providence, le propos est le même : la mort est « un port très assuré » que la Nature, prévenante, nous a douillettement aménagé. Plus romain que chrétien, l'apologiste de la religion naturelle que fut David Hume fera de la faculté de se tuer, partant du suicide, une forme de « soumission à la providence » : « Quand je tombe sur mon épée, je reçois aussi ma mort des mains de la Divinité, comme si la cause en était un lion, un précipice ou une fièvre. »[1] Le suicide n'est qu'une « nouveauté » parmi d'autres dans le cours de la nature. Détourner le cours de quelques gouttes de sang, dans son principe, est une œuvre du même ordre

1. D. Hume, Du suicide (1757), in *L'histoire naturelle de la religion et autres essais sur la religion,* trad. M. Malherbe, Paris, Vrin, 1989, p. 120. Hume est d'ailleurs le seul des modernes à se réclamer explicitement de Pline et de Sénèque, ce qui rend peu vraisemblable, parce que superflue, l'idée d'une influence directe de Montesquieu, suggérée par Crocker, « The Discussion of Suicide in the Eighteenth Century », p. 63.

que détourner le cours d'une rivière. L'auteur de l'un ou l'autre acte se trouve alors dans la même relation vis-à-vis de la Providence, laquelle « reste inviolée et placée bien au-delà de toute atteinte humaine ». Dans les *Lettres persanes,* Montesquieu se refuse lui aussi à croire que la « nouvelle combinaison » résultant d'un suicide soit moins parfaite : celui-ci ne change rien à la « grandeur des ouvrages de Dieu ». Même volontaire, la mort ne saurait se produire sans son consentement, fût-il tacite : « ... Comme s'il importait à l'Être des êtres, persiflera Voltaire, que l'assemblage de quelques parties de matière fût dans un lieu ou dans un autre. »[1] On remarquera toutefois combien le ton des philosophes s'est fait moins assuré : la providence de Sénèque invitait au suicide, l'Être suprême y est indifférent, mais il est vrai que pour Sénèque, comme pour tout bon stoïcien, le suicide fait partie des choses « indifférentes ». Il ne saurait être dit, en soi, ni convenable ni inconvenant, car tout dépend de la sagesse de celui qui y recourt. Il faut se conformer à la nature, à sa nature[2].

LA PROVIDENCE OU L'INVITATION AU SUICIDE

Mais revenons aux Romains, c'est-à-dire à ceux qui eussent été les interlocuteurs naturels de saint Jean ou de

1. Montesquieu, *Lettres persanes,* lettre LXXVI, auquel Voltaire fait écho dans *L'ingénu,* chap. XX. Cf. L. Meynard, *Le suicide,* 1954, p. 122. Quand on sait le pedigree de cette idée, on reste pantois de voir l'auteur de cet essai exciper de l' « incompréhension totale des choses religieuses » pour excuser la vulgarité du propos voltairien !
2. Cicéron, *Tusc.,* I, 30, et *De Fin.,* III, 18, 60 et V, 79.

saint Paul si un dialogue, même détourné, avait été permis. Ce qui, nous aurons des occasions de le voir, ne fut guère le cas. Dans la *Providence* (VI, 6-9), Sénèque rappelle pareillement qu'il est possible à l'homme de « surpasser Dieu », puis convoque ledit Dieu pour rappeler aux hommes que la porte est toujours ouverte : « Et tous les chagrins, toutes les souffrances, toutes les épreuves terribles qu'il faut traverser ? » demande Dieu, pour répondre aussitôt :

> Ne pouvant vous y soustraire, j'ai armé vos âmes contre tous ces maux. Supportez-les vaillamment. C'est par là que vous surpasserez Dieu : Dieu est à l'abri des maux ; vous êtes, vous, au-dessus d'eux. (...) Méprisez la mort : elle est une fin ou un passage.

Dieu lui-même semble hésitant !

> (...) Par-dessus tout j'ai pris soin que l'on ne pût vous retenir malgré vous : l'issue est grande ouverte.

Dieu se plaît ensuite à commenter sa belle ouvrage, à justifier son choix. Il parpelège et s'esbaudit de sa lumineuse idée – « J'ai placé la vie sur une pente : elle y glisse » –, avant de se répandre en considérations sur la facilité déconcertante avec laquelle il a permis à l'homme d'embrasser la mort[1] : « Tu demandes le chemin de la liberté ? N'importe quelle veine de ton corps. »[2] Au demeurant, Dieu voudrait-il s'opposer à la liberté de

1. Voir, de même, le *De ira,* III, XV, 3-4. Le thème de la « porte ouverte » se retrouve chez Épictète, par exemple dans les *Entretiens,* I, XXV, 17-18, qui reprend sur ce point la pensée de Sénèque. Mais, pour l'auteur du *Manuel,* l'homme ne doit « devancer l'appel » de la mort naturelle que sur un signe de Dieu. Voir Y. Grisé, *Le suicide dans la Rome antique,* 1982, p. 219 sq. ; et, sur la « trahison » par Épictète de la morale stoïcienne du suicide, P. Veyne, Suicide, fisc, esclavage, capital et droit romain, *Latomus,* XV, 2, avril-juin 1981, p. 246 n.
2. *De ira,* XV, 4. Voir aussi *De Providentia,* VI, 7. « Le jet de sang est poésie », dira Sylvia Plath dans « Kindness », comme en écho à Sénèque.

mourir qu'il ne le pourrait point : tout au long de sa correspondance avec Lucilius, Sénèque dénonce les « professeurs de sagesse » qui récusent le suicide au nom de la divinité : attenter à sa vie serait une impiété, il faut attendre, fût-ce en sacrifiant sa liberté[1]. Pour Sénèque, au contraire, le « pouvoir de s'enlever la vie est un don de Dieu, dont il nous faut lui rendre grâces »[2]. Hume tirera les conséquences ultimes de cette « théologie naturelle » en assurant : « C'est une sorte de blasphème d'imaginer qu'un être créé puisse troubler l'ordre de la nature ou empiéter sur les affaires de la providence »[3], fût-ce « en démissionnant de la vie ».

En un mot, pour Pline comme pour Sénèque, les dieux sont – et se savent – « privés de l'espoir de la Mort », ainsi qu'assure Dante des âmes jetées dans le premier cercle de l'Enfer[4] : « Ainsi le fait d'être malade *à la* mort, commente S. Kierkegaard, c'est ne pouvoir mourir ; non qu'il y ait espoir de vie ; la désespérance, c'est que le dernier espoir, la mort, fait défaut. [...] Et quand le danger est devenu si grand que la mort est devenue l'espérance, le désespoir est la désespérance de ne pouvoir même mourir. »[5]

1. *Epist.,* 70, 14.
2. Y. Grisé, *op. cit.,* p. 216.
3. D. Hume, *loc. cit.,* p. 122.
4. *L'Enfer,* III, 25-50 (mais le sort des suicidés est évoqué au chant XIII). Au chant XXXIV, 22-27, il parle également de ceux qui sont « privés de vie et de mort ». On aimerait y voir une allusion à la dernière forme de la mort évoquée par Origène *(Entretien avec Héraclide)* : « Ils chercheront la mort et ne la trouveront pas ». Cf. H. Crouzel, *Les fins dernières selon Origène,* Aldershot, 1990. Voir aussi G. H. Allard, Dante et la mort, *in* Coll., *Le sentiment de la mort au Moyen Age,* Montréal, Éditions Univers, 1979, p. 211-227.
5. S. Kierkegaard, *La maladie à la mort,* in *Œuvres complètes,* Paris, Éditions de l'Orante, 1971, p. 176.

Sans y voir les vues nécessairement « monastiques et antisociales » que diagnostique Diderot dans son *Essai sur les règnes de Claude et de Néron*, c'est à tout le moins une métaphysique dès lors que l'Éternel de Pline ou de Sénèque n'a « pas dirigé ses canons contre le suicide »[1]. Reste qu'un étrange silence entoure ce dieu-là, sa place dans le panthéon, sa nature et son autorité. La théologie s'est curieusement abstenue de gloser, ou même de faire soliloquer ce dieu, comme effrayée de son message.

Mais quelle est sa singularité, en quoi est-il original ? Une observation de Maxime de Tyr (*Diss.*, XVII, 5) – autant un constat qu'une proposition – donne une idée de ce que pouvait être la « théologie » d'un homme de culture : « Il n'y a qu'un Dieu, roi et père de tous, et il y a beaucoup de dieux, enfants de Dieu et participant à son pouvoir. » On invoquera encore Apulée, qui abonde dans ce sens avec son *summus atque exsuperantissimus divum* (*De mundo*, 27). Cette conception, celle d'un Dieu tout à la fois immanent et transcendant qui est, au fond, celle du *Timée*[2] se lit en filigrane dans les textes de Pline et de Sénèque. Elle appartenait, elle, à l'air du temps, et c'était un pont possible – quoique un *pontus minimus* – entre les païens et les chrétiens. Mais hâtons-nous d'ajouter qu'il ne semble pas, sur le chapitre de la mort de Dieu, y avoir jamais eu un lien entre les deux écoles. On chercherait en vain, chez Tertullien, pourtant grand lecteur des païens, et Origène, une allusion à ces propos de Pline et de Sénèque.

Un préjugé tenace, fruit d'une lecture christocentrique étriquée, refuse aussi aux stoïciens l'idée du « dieu per-

1. Shakespeare, *Hamlet*, I, 2.

2. Cf. également Cicéron, *De Natura deorum*, II, 164. Sur le *Timée* christianisé, voir J. Pelikan, *Jésus au fil de l'histoire*, Paris, Hachette, 1989, p. 49 sq.

sonnel », que Sénèque ne tutoie pourtant pas moins qu'un Épictète[1]. Marcel Simon est plus près de la vérité lorsqu'il s'efforce de cerner les effets du syncrétisme :

... La pensée païenne, qui très souvent dissout la personnalité des dieux et du Dieu, se comporte néanmoins comme si elle avait affaire à un Dieu personnel, auquel le fidèle est uni par un lien personnel. La piété du païen éclairé n'est pas, à cet égard, aussi radicalement différente qu'on pourrait le croire de celle du chrétien [...].

Alors que le chrétien adore un seul Dieu, personnel, le païen « peut vénérer des lèvres la foule des dieux traditionnels, les nier tous en tant qu'êtres personnels et adorer l'un d'entre eux, promu au rang de divinité suprême et pratiquement unique »[2]. C'est à peu près ainsi que la comprend Cicéron dans son *De Natura deorum* (II, 22) :

Ce à quoi cette sagesse ou providence (en grec on dit *pronoia*) pourvoit de préférence, ce qui l'occupe avant tout, c'est d'abord que le monde soit le mieux fait possible pour durer, ensuite qu'il ne manque de rien et surtout qu'il ait en lui une beauté éminente et toutes les parures[3].

A l'évidence, la « Providence » de Sénèque ressortit à cette catégorie-là. Trop rarement effectuée, la comparaison de son traité avec le *De Providentia* de Philon

1. On ne peut que souscrire à la ferme mise au point de R. Joly, La spécificité de la morale chrétienne, in *Glane de philosophie antique,* p. 215 et 222 sq. Voir également son Sainteté païenne, *ibid.*
2. M. Simon, Christianisme antique et pensée païenne, in *Le christianisme antique et son contexte religieux. Scripta varia,* Tübingen, J. C. B. Mohr, 1981, p. 255. Voir aussi M. Simon, *Hercule et le christianisme,* Strasbourg, Faculté des lettres, 1955, où, observant que « théologie héracléenne et christologie se sont développées parallèlement » (p. 13), l'auteur montre que Sénèque esquisse une « doctrine de l'incarnation », tandis que Hercule *ratio divina* deviendra un double du Christ dans la pensée païenne peinant à trouver une parade au dieu des chrétiens. Voir Sénèque, *De beneficiis,* IV, 7.
3. Trad. P. Grimal, légèrement modifiée. En grec, la providence est par nature divine, car elle devance, pourvoit d'avance et prévoit : *hê theia pronoia,* écrit Euripide.

d'Alexandrie corrobore cette conclusion[1]. Ainsi s'explique que, avec une feinte négligence, Sénèque succombe épisodiquement à la tentation d'« émajusculer » son Dieu, pour parler comme J. Derrida, de passer, sans cause évidente, du Dieu au dieu, voire aux dieux, et retour (par ex. *De Prov.*, IV, 11-12). De même, si le Dieu du *De vita beata* oscille entre panthéisme (VIII, 4) et monothéisme (XV, 1), la modalité de sa présence n'est pas moins claire : « Nous sommes nés dans une monarchie : obéir à Dieu, voilà la liberté. »[2] Le *De Providentia* est plus clair encore : la même « Providence », qui fera ensuite l'éloge du suicide, est une providence qui « veille » (I, 1), et dont l'homme de bien ne diffère « que par la durée » (I, 5). Au demeurant, ce Dieu a envers les sages « l'âme d'un père » et il les aime vigoureusement (II, 6-7). Ailleurs, dans le même traité, on retrouve une formule que Sénèque emploie aussi volontiers dans ses lettres à Lucilius : son dieu est un *divinus artifex* ou un *artifex mundi*, assez proche, toutes choses égales par ailleurs, de « l'horloger » de Voltaire.

Seule une hâte coupable et soupçonneuse peut donc conclure péremptoirement à une prosopopée quand le « Dieu » de *La providence* fait l'éloge du suicide : une érudition simplificatrice prévient le profane que, par Dieu, il faut entendre Sénèque. Sa vanité n'allait pas jusque-là. Si prosopopée il y a, c'est qu'il n'y a pas révélation. Entre le Dieu de saint Paul et le Dieu de Sénèque, la

1. Voir M. Hadas-Lebel, introduction au *De Providentia*, Paris, Cerf, 1973, p. 109-112.
2. Ce qui a fait dire péremptoirement que le suicide est « toujours un acte d'obéissance » : ainsi V. Goldschmidt, *Le système stoïcien et l'idée de temps*, Paris, Vrin, 1989, p. 186, n. 3. Ce qui est loin d'être toujours exact chez Sénèque : on comprend alors pourquoi les « philosophes » évitent de consulter le Sénèque du *De Providentia*, sans doute trop théologien, quand ils dissertent de la « providence » : *e.g.*, *ibid.*, p. 104 sq.

différence n'est pas que l'un parle aux hommes, l'autre pas : tous deux s'en soucient et ont des scribes qui nous rapportent diligemment leurs sentences. Elle est que l'un parle à la raison, et raisonnablement, s'adressant de préférence aux sages, quand l'autre se dévoile par la révélation, au besoin contre la sagesse des hommes. Dès lors, on ne s'étonnera point que le ralliement du christianisme à la providence stoïcienne, dont Hans Blumenberg a arpenté les modalités dans son analyse de la « légitimité des Temps modernes », soit placé sous le signe de la contradiction, tant le dieu eschatologique de la fin de l'histoire est difficile à concilier avec le « gardien » censé placer le monde sous sa houlette paterne.

Quant à la substance du propos de la Providence sénéquienne, en l'occurrence, elle est simplement, comme chez Pline, que l'homme a sur Dieu l'avantage du suicide et qu'il lui appartient de savoir en user : il est piquant que ces mots aient été écrits un bon siècle avant qu'Origène n'invente un suicide en un sens « plus divin ». Le nouveau signe de la croix saura-t-il effacer ce signe de contradiction et offrir la promesse d'une théologie unifiée du suicide ? L'entreprise a été tentée et trouvera sans conteste son apogée dans la théologie baroque de John Donne. En attendant, on se contentera d'observer que la théologie du suicide peinera toujours à s'émanciper de l'amphibologie héritée de ses doubles racines providentielles.

Les flèches cioranesques, sur ce chapitre, ne sont donc recevables que si l'on reconnaît aux païens un siècle, à peine une petite longueur, d'avance. Mais on aura bien compris que le Dieu de ceux-ci ne pouvait mourir, puisqu'il invitait l'homme à mourir pour couronner une vie d' « aspirant à la sagesse ». Comment nos Romains pouvaient-ils accueillir l'idée d'un – ou du – fils de Dieu qui meurt ? Sa mort pouvait-elle trouver grâce à leurs yeux d'être plus volontaire ? L'idée seule pouvait-elle les effleurer quand, du côté des Écritures, on doit se contenter d'apparitions fugitives, possiblement désobligeantes et toujours ambiguës ? Car s'il est arrivé au Dieu des chrétiens de se suicider, il ne le fit que timidement, de manière indirecte, par des voies détournées... et uniquement sous la plume de certains auteurs plus ou moins en odeur de sainteté – plutôt moins, d'ailleurs –, alors même que la question demeurait scripturairement, plutôt que théologiquement, indécidable.

Chapitre III

L'Évangile du suicide : le suicide du Christ et ses sources néotestamentaires

Ou bien ce n'est pas l'Évangile, ou bien nous ne sommes pas chrétiens.

Thomas Linacre (1460-1524)

Non, mon ami, n'ouvrez pas, n'ouvrez jamais. Ne lisez jamais ce texte, ne connaissez, ne reconnaissez jamais cette histoire, *dont nous nous accommodons si aisément. Tenez-vous-en aux racontars. Si j'ai un conseil à vous donner. Ne vous reportez jamais au texte.*

Péguy[1].

Le contraste a été souvent souligné : alors que les trois synoptiques et l'Évangile de Jean ne nous renseignent que sur une centaine de jours de la vie de Jésus, on « connaît » presque heure par heure le déroulement des trois derniers jours et, presque minute par minute, celui des trois heures sur la Croix. Le passage direct de la « naissance de la Vierge Marie » à la « mort sous Ponce Pilate » dans le credo de Nicée comme dans le symbole des Apôtres consacre l'importance de l'*hora mortis* dans le sens de cette vie : plus qu'aucun autre homme, le Jésus

1. Ch. Péguy, *Gethsémani*, Paris, Desclée de Brouwer, 1995, p. 28 (à propos de l'Évangile de Matthieu).

des Évangiles est un « être pour la mort ». Car n'en déplaise à Pline et à Sénèque, le Dieu des Chrétiens « n'a pas voulu s'exempter lui-même de l'obligation de la mort »[1].

C'est donc autour de quelques lignes de Paul et de l'Évangile de Jean, où jamais Jésus n'a autant porté le *signum humilitatis* comme dit Augustin dans son *Commentaire,* que se noue le « malentendu » et que naît la tradition du « suicide » du Christ, qui autorise aujourd'hui un G. Minois à écrire péremptoirement que « l'événement fondateur du christianisme est un suicide »[2]. De même, pour A. Alvarez, « le suicide, à peine déguisé en martyre, est le roc sur lequel l'église a été édifiée »[3]. Dans leur étude magistrale, quoique cédant par endroits à la polémique, Droge et Tabor vont encore plus loin : « La mort volontaire est l'un des idéaux sur lequel l'Église est fondée. »[4] Si cela est juste, le secret a été bien gardé, et plus rien n'autorise, on le verra, à parler de tradition judéo-chrétienne. La mort du Christ marque une rupture, non du fait de quelque déicide, mais bien à cause d'un suicide. Nietzsche avait raison : « Quand on lit le Nouveau Testament, il faut mettre des gants. »

Si les textes que nous allons examiner maintenant n'autorisent en aucune façon à trancher formellement dans un sens ou dans un autre, ils ont le mérite d'offrir des matériaux dont l'interprétation n'était pas d'évidence, dont la signification n'était pas d'emblée décidée dans des textes pourtant à forte consonance théologique. Une chose est sûre, cependant, que résume un mot énigmatique, que Goethe aimait à citer : *« Nemo contra Deum*

1. Thomas Brown, *Religio Medici* (1635), Paris, Stock, 1947, p. 104.
2. G. Minois, *Histoire du suicide,* 1996, p. 36.
3. A. Alvarez, *Le Dieu sauvage,* 1972, p. 96.
4. Droge et Tabor, *A Noble Death,* 1992, p. 189.

nisi Deus ipse. » Personne contre Dieu, sinon Dieu lui-même. Il faut imaginer, suggère H. Blumenberg, un « Dieu capable de se supporter dans ce combat impitoyable qu'il mène contre lui-même »[1]. La même formule est au cœur de *L'élu,* l'un des romans les plus singuliers de Thomas Mann, pour qui le Seigneur « sait, quand Il veut, louvoyer à travers les périls qu'Il a accumulés de sa propre main »[2].

Se réclamant de Blumenberg, et de sa liste d'exemples christologiques, Carl Schmitt prétend, contre Blumenberg lui-même, qu'une herméneutique christologique de cette sentence est possible. Mieux encore, « à partir du moment où à toute unité sont immanentes une dualité et par conséquent une possibilité de révolte, explique-t-il, une *stasis,* la théologie semble devenir une "stasiologie" »[3]. De fait, J. Moltmann a tenté une exégèse théologique du mot de Goethe en concluant que « l'histoire de Dieu », pour parler comme Hegel, « contient en elle-même l'abîme total de l'abandon de Dieu, de la mort absolue et du Non-Dieu » : s'agissant du Christ, il faut comprendre que « la mort en croix de Jésus au Golgotha a donc en

1. Voir Goethe, *Poésie et vérité,* III, chap. XX, et l'éblouissant commentaire de H. Blumenberg, *La Passion selon saint Matthieu,* p. 120-121, ainsi que *Arbeit am Mythos,* Francfort, Suhrkamp, 1979, p. 567-604. Je remercie D. Trierweiler d'avoir attiré mon attention sur ces pages et la lecture que fait Blumenberg de ce mot de Goethe.

2. Th. Mann, *L'élu,* trad. L. Servicen, Paris, Albin, Michel, 1990, p. 83. Voir aussi p. 99.

3. Carl Schmitt, *Théologie politique,* trad. J.-L. Schlegel, Paris, Gallimard, 1988, p. 178-179. Sur le conflit des interprétations Schmitt/Blumenberg, voir D. Trierweiler, Carl Schmitt, l'idéologue de l'État total, *Passages,* n° 83, mai-juin 1997, p. 49-52. Sur la notion de *stasis,* cf. N. Loraux, *La cité divisée,* Paris, Payot, 1997, notamment p. 102-106. Pour l'anecdote, on soulignera l'ironie de cette christologisation de la *stasis* quand on sait que Celse (VIII, 14) assimile le christianisme lui-même à une *stasis.* Voir P. de Labriolle, *La réaction païenne,* p. 24 et 168.

elle tous les abîmes et toutes les profondeurs de l'histoire humaine »[1].

Dès lors, l'aphorisme perd un tantinet de son mystère lorsqu'on aborde en béotien ces quelques épisodes de la marche de Jésus vers la mort. Avant même qu'il ne soit question d'économie du salut, construction dogmatique tardive, il apparaît ainsi que l'affrontement de Gethsémani et du Golgotha est moins une confrontation des « jésuistes » et de l'*establishment* judéen ou romain, voire de Jésus et des Juifs, qu'un combat singulier de Dieu contre Dieu, « stasiologie » oblige : le Père contre le Fils, le Fils contre le Père, mais aussi bien le Père contre le Père et le Fils contre le Fils. La « réflexion » est au cœur de la christologie (Jésus devenant Christ par sa mort volontaire) comme de la théologie du suicide. Mais, comme disent les Évangiles, revenons à nos moutons.

JEAN FACE AUX INTERROGATIONS DES JUIFS

L'Évangile de Jean, le plus archaïque et le plus moderne, le plus hébreu, en un sens, mais certainement le plus grec, tranche sur les synoptiques en ce qu'il relève par excellence du « journalisme transcendantal », aurait dit Maurice Clavel. Est-il pour autant aussi « théâtral et illusoire » que le prétend Ludwig Feuerbach dans l'*Essence du christianisme* ? Sous couvert de reconstruction théologique, Jean livre un reportage, émaillant son récit des faits et gestes de Jésus, d'évocations des

1. J. Moltmann, *Le Dieu crucifié*, p. 284.

réactions de son entourage. Dernier venu des évangélistes, il est pourtant le seul à se trouver au pied de la Croix et peut donc revendiquer une authenticité inaccessible aux autres : « Jean est un puissant théologien de la lutte de l'homme avec ses gibets », commente Manuel de Diéguez[1]. Si un seul fut jamais l'ami, il était celui-ci, et sa version peut donc s'autoriser, sinon de confidences, du moins du savoir du témoin privilégié. Et ce savoir est d'emblée « théologique ». Cela vaut pour la Passion comme, plus tôt, pour la trahison de Judas, et le long chemin qui mène à l'accomplissement de l'œuvre de Salut scellée par le fameux « tout est achevé ». Ainsi voit-on surgir les « Juifs », dans un tout autre rôle que celui que leur a conféré la tradition. Et ces Juifs perplexes, sans doute pas si mal intentionnés qu'on l'a dit, élèvent des objections, s'interrogent, avec une obstination qu'on s'étonnera de ne pas retrouver chez les critiques ultérieurs du christianisme. Mais avant d'en venir aux commentaires – exégétiques ou critiques –, il faut tâcher de mieux cerner le mince corpus des textes qui ont autorisé certains Pères à suggérer que l'hypothèse d'un suicide n'était pas forcément irrecevable, voire qu'elle était théologiquement nécessaire. Car, tandis que les sources dont ils se sont réclamés se comptent sur les doigts de la main, ce n'est que bien plus tard, avec la querelle des deux natures, puis des deux volontés, mais aussi les polémiques d'Augustin contre les Donatistes et les Circoncellions, qu'interviendront dans la discussion des notions relevant de l'anatomie, de la psychologie, voire de l'utilité sociale.

La toute première mention d'un suicide possible se trouve en effet chez Jean 8, 21-22, dans un passage que

1. M. de Diéguez, *Jésus*, Paris, Fayard, 1985, p. 44.

l'on aurait aimé voir davantage commenté par les talmudistes[1], et qui est en fait une reprise amplifiée de Jn 7, 35 :

Jésus leur dit encore : « Je m'en vais [...]. Là où je vais, vous ne pouvez aller. » Alors les Juifs disaient : « Va-t-il se tuer, puisqu'il dit : Là où je m'en retourne, moi, vous ne pouvez pas venir, vous ? »

La plupart des commentateurs modernes veulent croire à une ironie de saint Jean, qui ferait des Juifs, comme plus tard de Pilate, des prophètes malgré eux de Jésus, et refusent de s'attarder sur le seul mot qui fait tache : l'éventualité d'un suicide, qui semblait donc une hypothèse sinon plausible, du moins envisageable aux contemporains mêmes de Jésus. Une lecture moins exégétique est possible, qu'Origène sera, paradoxalement, le premier à faire, et qui met l'accent sur la réaction des Juifs, laquelle traduit autant la perplexité que la méfiance. D'ordinaire mieux inspiré, Jean Grosjean livre, sans ciller, cette interprétation : « Si je m'avance vers une mort précoce, c'est vous qui la manigancez. »[2] L'hypothèse d'un suicide est d'emblée transformée en malveillance, voire en accusation, et la question balayée d'un revers de main.

On aurait cru que la première question à poser serait, même d'un point de vue théologique : pourquoi le même geste, la même déclaration, peut prêter à des interprétations aussi divergentes ? Cette confusion ne

1. Ce seul passage infirme le point de vue de C. Setzer, « You Invent a Christ », *Union Seminary Quarterly Review,* 44, 1991, p. 315-328, quand il affirme que les toutes premières objections juives à Jésus furent dictées par les thèses christologiques des chrétiens. Ce passage crucial n'inspire aucun commentaire à D. H. Stern, *Jewish New Testament Commentary,* Clarksville, Maryland, Jewish New Testament Publications, 1992, p. 182. *Idem* pour *tous* les autres versets cruciaux qui seront analysés par la suite !

2. J. Grosjean, *L'ironie christique. Commentaire de l'Évangile selon Jean,* Paris, Gallimard, 1991, p. 148.

serait-elle à dessein calculée, nécessaire ? En quoi la prophétie que prétendent lire les exégètes peut-elle être reçue comme une déclaration d'intention suicidaire ? Le trouble que ressentent les Juifs de stricte observance et dont ils font ici part était-il forcément insincère et controuvé ? En l'occurrence, c'est moins l'artifice de Jean qu'il faut incriminer, que le simplisme réducteur des commentateurs, incapables de prendre au sérieux une hypothèse que l'évangéliste lui-même a cru bon de « rapporter », d'honorer de quelques versets, et qui aura un bel avenir dans la littérature patristique.

Si l'on suit Flavius Josèphe, en effet, le sens devait être on ne peut plus clair pour les auditeurs, au point même de tenir de la provocation : le seul endroit où Jésus pouvait aller sans qu'un homme pieux pût le suivre, c'était l'Hadès, où l'aurait précipité un suicide éventuel[1], qui pouvait passer pour le péché par excellence contre Dieu. Qui s'ôtait la vie méprisait le don de Dieu. Mais là n'est pas l'unique source johannique possible de l'interprétation « suicidaire » de la mort de Jésus.

La tradition fait en effet de Jean 15, 13 le fondement de l'amour fraternel pour le prochain : « Nul n'a d'amour plus grand que celui qui se dessaisit de sa vie pour ceux qu'il aime. » D'aucuns y ont reconnu de très bonne heure une paraphrase du *Banquet* (179 *b*), dans le discours de Phèdre : « Cela n'est pas douteux, mourir pour autrui, c'est à quoi, seuls, consentent ceux qui aiment. » Les dieux trouvent cet acte tellement beau – témoin Alceste qui meurt à la place de son époux –

1. Fl. Josèphe, *La guerre des juifs,* III, 375. Voir J. Sitruk, Le suicide dans la tradition hébraïque, *in* F. Terré (éd.), *Le suicide,* Paris, PUF, 1994, p. 31-35. Mais voir aussi A. Bayet, *op. cit.,* p. 207-220, qui récuse partiellement le témoignage de Josèphe et rappelle que « l'horreur du suicide n'est pas d'origine juive ». Voir art. « Suicide », in *Universal Jewish Encyclopedia.*

qu'ils font remonter leur âme de chez Hadès. Ce qu'un tel rapprochement souligne, c'est la valeur d'oblation du geste de qui meurt pour autrui. « C'est par une extase d'amour que le Christ est mort sur la Croix, au comble de la liberté du vouloir »[1], écrira J. Maritain. Où l'on retrouve le suicide altruiste, ou le suicide indirect des sociologues, qui est au cœur des ambiguïtés qui ont présidé à la construction même du concept de suicide.

Enfin, moins théologique, plus prosaïque dans le détail quasi physiologique, Jn 19, 30 renferme les derniers mots de Jésus, dans l'Évangile de Jean, et fait écho au « Pourquoi m'as-tu abandonné ? » : « "Tout est achevé" ; et, inclinant la tête, il rendit l'âme. » De prime abord déroutante, au point d'inciter H. Blumenberg à ironiser que Jean a du mal à « fournir la preuve de la mort de Jésus »[2], ce constat anatomothéologique marque en fait le triomphe, l'affirmation d'une volonté jusque dans la mort, qui ne survient que lorsque Jésus y est prêt : de fait, Jésus commence par ce que, dans le jargon moderne des linguistes, on appellera un énoncé performatif, comme si les mots « tout est achevé » expliquaient la séquence singulière des événements. Le Christ incline d'abord la tête, puis meurt, alors que d'ordinaire, c'est l'inverse qui se produit. L'inclinaison de la tête est normalement une conséquence de la mort. Jusqu'à l'heure de la mort, Jésus demeure ici le sujet d'un verbe actif : « ayant incliné la tête » *(klinas tên kephalên)*, il rendit l'âme[3]. Autrement dit, Jésus a volontairement rendu l'âme car, ainsi que dira par la suite Origène, il était

1. J. Maritain, *De la grâce et de l'humanité de Jésus*, Paris, 1967, p. 141-146.
2. H. Blumenberg, *La Passion selon saint Matthieu*, p. 75.
3. On retrouve l'expression en Lc 9, 58, avec le sens de « s'étendre pour dormir ». Cf. S. Légasse, *Le procès de Jésus*, Paris, Cerf, vol. II, 1995, p. 558.

inconcevable que Dieu fût à la merci de sa chair comme le commun des mortels.

Cet enchaînement insolite renvoie directement au problème de la réception juive déjà évoquée à propos de Jn 8, 21-22. Car la seule idée d'une part active que sous-entend ce verbe ne pouvait que choquer et faire crier au suicide un Juif orthodoxe contemporain de Jésus, partant, dans les siècles suivants, un praticien du Talmud, où est affirmée la nécessité de préserver la vie humaine[1]. A preuve, l'histoire de ce Maître que ses bourreaux avaient décidé de faire brûler à petit feu et qui rejeta violemment les conseils de ses élèves qui lui suggéraient d'ouvrir la bouche pour que l'asphyxie abrégeât ses souffrances : « Même pour un instant je n'ai pas le droit de rendre ma vie à Dieu avant qu'il ne la réclame lui-même. Il ne faut jamais se faire violence à soi-même. »[2] Autrement dit, pour qu'un Juif orthodoxe ne conclût point au suicide, Jésus aurait dû connaître la mort des deux larrons, plutôt qu'échapper au *crucifragium*[3]. Son activité seule est déjà coupable : tout se passe comme si Jean était à dessein provocateur – même si on veut bien admettre que souligner la mort volontaire, c'était aussi une manière d'annoncer la résurrection. Pour le Christ de Jean, il faut de la volonté, la même volonté, et pour mourir et pour ressusciter. Et, pour un Juif de stricte observance, ce passage ne pouvait non plus susciter le moindre doute. Cette critique « talmudiste » de la mort de Jésus sur la Croix est certes controuvée : anachro-

1. Le thème du suicide est absent du Talmud, mais sa condamnation se laisse inférer de l'insistance sur le devoir de préserver la vie. Qui plus est, la célébration du martyre permet les accommodements que relate Josèphe dans son *Autobiographie*.
2. Sitruk, *loc. cit.*, p. 32.
3. On brise les os du crucifié afin de hâter sa mort.

nique et nulle part formulée telle quelle dans les textes, elle n'en a pas moins le mérite de mettre en relief une formulation évangélique qui, cependant, ne pouvait sonner que comme une provocation[1]. Pour le reste, le thème de la Passion et de la mort de Jésus semble absent des flèches du *Talmud* contre les *minim* – les hérétiques, en l'occurrence, les chrétiens : sur ce point d'accord avec la quasi-totalité des auteurs païens, les Juifs ne sauraient admettre que Dieu ait un fils et, quand bien même, ils s'insurgent contre l'idée qu'il l'aurait laissé périr, alors qu'il a retenu la main d'Abraham[2].

Un examen, même rapide, des *Toledoth Yeshuh* – textes couchés par écrit au Xe siècle mais élaborés bien antérieurement à partir de morceaux du Talmud –, confirme ces conclusions : alors que Celse et Porphyre sont trop « philosophes » pour qu'on « puisse en tirer quelque chose en rapport avec l'historicité de Jésus », ces textes apparaissent comme une réplique profane de l'histoire de Jésus. Ainsi sont corrigés les évangiles sur des points d'histoire : Jésus n'a pas été crucifié, mais pendu à une tige de chou, après que tous les arbres sur lesquels il avait prononcé le « Nom explicite » se furent brisés sous son poids. Dans le même temps, explique J.-P. Osier, « il faut envisager la rencontre des *Toledoth Yeshuh* et des récits évangéliques comme celle de deux interprétations théologiques des faits, des mêmes faits », dans le but de mettre en évidence la tromperie[3] : ainsi la *déipare* – lire la pseudo-Vierge Marie –, n'était-elle qu'une putain, ou du moins son « bâtard » était le fruit d'amours coupables,

1. Voir cependant M. Goldstein, *Jesus in the Jewish Tradition*, New York, Macmillan, 1950.
2. M. Simon, *Verus Israel*, Paris, 1983, p. 229.
3. Jean-Pierre Osier, *L'Évangile du ghetto, ou Comment les juifs se racontaient Jésus*, Paris, Berg International, 1984, p. 14-15.

au mieux d'un viol. S'agissant de la mort de Jésus, les auteurs Juifs de ces textes paraissent tellement convaincus que le « prophète mensonger » méritait la mort que toute autre hypothèse que la pendaison ou la lapidation semble exclue. Il n'est qu'une seule exception, et encore, que l'on trouve dans le manuscrit de Vienne : « Se voyant dans l'embarras et dans l'angoisse, appréhendant les souffrances dans lesquelles il allait se trouver maintenant que les sages avaient le pouvoir d'agir à leur guise, Yeshuh avait choisi de mourir et non de vivre. »[1] Sans minimiser le sens du verbe « choisir », on est tenté d'y voir une image quand on prend connaissance de la suite, car ce « Yeshuh » sera pendu. L'empressement de Jésus à aller à la mort ne fait qu'ajouter à ses crimes, mais il ne doit rien à la théologie et paraît simplement trahir une morbidité. Qui plus est, ce passage des *Toledoth* renvoie au dernier discours de Moïse, plus précisément à Dt 30, 15, où l'on comprend qu'aimer le Seigneur, c'est choisir la vie, s'obstiner à le méconnaître, c'est embrasser la mort. Adam avait lui aussi « choisi » la mort en bravant l'interdit : ce n'est ni plus ni moins que la théologie de la Genèse. Cette mort-là est à la fois métaphysique et triviale : d'un point de vue laïcisé, il s'agit tout au plus d'une métaphore.

Loin de toute « métaphorologie », l'expression « il rendit l'âme » *(paradidonai to pneuma)* appelle aussi un commentaire, car c'est une manière de dire la mort qui est sans précédent. Les trois autres Évangiles emploient en effet les expressions habituelles pour la mort. Marc (15, 37, 39) et Luc (23, 46) donnent le verbe « expirer » *(ekpneo)*, que l'on trouve chez Sophocle ; Matthieu (27, 50) dit « rendre l'esprit » *(aphiemi)*. Il semble en effet que

1. *Ibid.*, p. 48.

Jean 19, 30 soit la première occurrence de l'expression *paradidômi to pneuma* pour indiquer une mort individuelle[1]. Comme dit X. Léon-Dufour avec un art prudent de la litote, le verbe « surprend », car il s'agit d'une « transmission délibérée »[2]. Au demeurant, le même mot est employé, entre autres, par Jean, en 19, 11 pour désigner l'acte par lequel Judas « livre » Jésus[3]. L'hésitation du théologien est ensuite lourde de sens, car il signale l'emploi antérieur du mot chez Jean : il s'agit alors de « livrer Jésus ». Et d'ajouter : « Ses emplois antérieurs n'éclairent donc pas le sens de notre passage, à moins d'entendre que, en consentant à la mort, Jésus *se* livre lui-même » (souligné par l'auteur). Léon-Dufour a beau parler ensuite d' « acte suprême de remise totale de soi », l'énormité du mot et la singularité de l'hapax ne semblent pas lui mettre la puce à l'oreille. D'autres glossateurs, on le verra, avaient eu des démangeaisons de l'entendement pour bien moins. Moins prudent dans son commentaire de ce même passage, S. Légasse commence par évoquer un « trépas paisible », puis renvoie à Lc 23, 46, dont il donne cette interprétation qui, à son tour, « surprend » dans une explication aussi méticuleuse, mais terriblement orthodoxe : « Jésus ne meurt pas passivement ; sa mort [est] un acte volontaire », assure-t-il après avoir pourtant exclu l'hypothèse d'un second cri tant l'épuisement de Jésus était grand ; mais il corrige aussitôt les malencontreuses associations que

1. Voir cependant Es 53, 12 (« il s'est dépouillé jusqu'à la mort ») et les précisions de S. Légasse, *op. cit.*, II, p. 558, n. 142.
2. X. Léon-Dufour, *Lecture de l'Évangile de Jean*, Paris, Seuil, 1996, vol. IV, p. 158.
3. K. Barth, qui s'étend longuement sur ce verbe dans sa dogmatique (II/2), en fait le point central de sa condamnation de Judas. Voir W. Klassen, *Judas. Betrayer or Friend of Jesus ?*, Londres, SCM Press, 1996, p. 186-187.

pourrait inspirer sa formule en précisant qu'il s'agit en fait d'un « dernier hommage de piété filiale »[1] !

La confusion s'épaissit quand X. Léon-Dufour renvoie à Jean 10, 18. Il s'agit une fois de plus, chacun en conviendra, de souligner que Jésus est mort de son plein gré. Loin d'avoir subi sa mort, Jésus l'a choisie[2] :

> Personne ne me l'enlève [ma vie], mais moi je la dépose de moi-même. J'ai le pouvoir de la déposer et de la reprendre.

Même si c'est pour que s'accomplissent les Écritures (26, 52-54)[3]. En l'occurrence, Jean emploie le verbe *tithémi,* qui signifie « donner sa vie ». Commentant ce passage, Léon-Dufour assène, avec autorité : « En grec, l'expression *tithémi tèn psuchèn* ne signifie jamais "donner sa vie" au sens de se livrer à la mort »[4] – aussitôt suivi de cette précision pieusement herméneutique : « En ce cas – pour dire se livrer à la mort – le grec utilise d'autres verbes », dont *didomi* ! Si on a bien saisi la logique du scoliaste, il s'agissait d'abord de chasser toute connotation douteuse de l'expression en montrant bien que le *don* n'était pas un mouvement vers la mort. Mais quand le mouvement vers la mort est explicitement signifié par l'emploi du mot le plus éloquent que Jean pouvait trouver, et que l'on vient de rejeter, on le dit « peu éclairant ». Comme si l'auteur avait craint de conclure au suicide en associant tout simplement le don à la mort

1. S. Légasse, *op. cit.,* II, p. 426.

2. Voir le commentaire de Fichte, *loc. cit.* Sur les occurrences de cette expression, voir M. C. de Boer, *Johannine Perspectives on the Death of Jesus,* Kampen, Pharos, 1996, p. 322, et Paul W. Myer, A Note on John 10, 1-18, *Journal of Biblical Literature,* 75, 1956, p. 232-235.

3. Jésus refuse le secours de ses disciples, de même que Socrate refuse les avances de Criton (*Criton,* 44 *bc*).

4. X. Léon-Dufour, *Lecture de l'Évangile de Jean,* Paris, Seuil, 1990, vol. II, p. 369.

que l'on se donne en se livrant à la mort. Du coup, on en arrive à cette absurdité, que le même « moi » qui est le « sujet de l'action » ne se livre pas à la mort en Jn 10, 18 pour s'y livrer en 19, 30. Honni soit qui mal y pense ! Même pas de deux sous la plume de J. Grosjean, bien qu'il avoue qu'on est ici « au centre de l'énigme de Dieu », tandis que la « nature du Fils est de perdre sa vie », alors que « le Père se perd » *(sic)* en donnant vie au Fils[1]. En anthropologie, cela s'appelle danse totémique autour d'un concept absent, *alias* le suicide.

La clé – mais est-il vraiment besoin de le préciser ? – est « l'économie du salut ». Puisqu'à en croire notre savant jésuite, « Jésus [en Jn 10, 18] se réfère à l'acte de sa mort, vu en perspective de résurrection »[2] – ce que la narration seule ne saurait suffire à affirmer, dès lors que la critique biblique s'accorde à reconnaître qu'aucune déclaration attestée de Jésus n'attribue à sa mort une signification de Salut[3]. Bref le dogme prime sur la grammaire et décide quand un mot est signifiant et quand il ne l'est plus – au risque de compromettre la cohérence lexicale et grammaticale du texte : on « veut lire généralement en un sens, en un premier sens extrêmement douteux, extrêmement suspect, faible d'ailleurs, *infirmus*, en un sens innocent aussi, en un sens qui nous laisserait toute tranquillité... »[4].

Le problème terminologique se double, en l'occurrence, d'un délicat problème de traduction, que Cl. Tresmontant met en relief dans son *Christ hébreu*[5] : traquant

1. J. Grosjean, *op. cit.*, p. 170.
2. X. Léon-Dufour, *op. cit.*
3. H. Blumenberg, *op. cit.*, p. 178.
4. Péguy, *op. cit.*, p. 64, évoquant les lectures édulcorées de Matthieu.
5. Cl. Tresmontant, *Le Christ hébreu. La langue et l'âge des évangiles*, Paris, F.-X. de Guibert, 1983, p. 281-283.

l'hébreu sous le grec, il fait valoir que le verbe *tithèmi*, si dissonant sous la plume de Jean, traduit en fait une expression familière aux lecteurs des livres hébreux, que l'on retrouve aussi bien dans le livre de Samuel I que dans Job : « placer son âme dans la paume de sa main », c'est-à-dire, tout simplement, « s'en remettre à... ». Or, souligne Claude Tresmontant, le juste, l'expression « poser son âme », par quoi le grec, puis le français ont rendu l'hébreu, est « impossible » au point de n' « avoir rigoureusement aucun sens pour un lecteur de langue grecque ». Aucun sens, c'est certes beaucoup dire. Mais le danger est grand de fausser le sens. Dans le dessein qui est ici le nôtre, il importera juste de remarquer comment le passage d'une langue à l'autre a créé de toutes pièces une ambiguïté, que toute lecture « intertextuelle » de Jean – notamment, toute lecture de Jn 19, 30 par Jn 10, 18 – accentue. Une fois de plus, la traduction semble avoir créé un problème théologique *ex nihilo*[1].

On pardonnera d'autant plus volontiers cette digression quelque peu technique lorsqu'on abordera le commentaire qu'en a fait Origène[2], et à travers lequel s'est propagée, pour l'essentiel, l'interprétation « suicidaire », dont on peut suivre la trace au moins jusque chez saint Thomas d'Aquin.

PAUL ET LA *LIBIDO MORIENDI* DU CHRIST

Si Jean relève encore des « Témoins », avec l'apôtre Paul on passe du domaine des sources aux premières

1. Cette question sera abordée dans la *Théologie du contresens*, suite promise à ce volume.
2. Voir *infra*, chap. V.

interprétations, et à la césure que la mort du Christ a introduite dans l'histoire de la mort des hommes : c'est « pour tout homme qu'Il a goûté la mort », explique l'énigmatique et anonyme Épître aux Hébreux (2, 9), et en conséquence « la mort n'est plus ce qu'elle était »[1]. Tout le projet paulinien est en effet de mettre en évidence le paradoxe, qui sera celui des premiers chrétiens martyrs, animés d'un brûlant désir de vie éternelle. Le sage stoïcien accueillait la mort avec équanimité, le sectateur paulinien en fera sa vraie vocation, voire son ambition. « On se donne beaucoup, dans ce pays-là, le passe-temps de se tuer », raillera encore Voltaire en son temps, en écho à Augustin tançant ceux pour qui « se suicider par respect pour le martyr était devenu un amusement quotidien ».

La lettre de saint Paul aux Philippiens, que l'on a déjà vue commentée par Jean Chrysostome, est l'autre *locus classicus* en la matière : l'apôtre y réfléchit sur le sens de l'abaissement du Christ qui, dit-il, « a vidé son âme dans la mort » (*ekenôsen* ; Phil 2, 7). Emprisonné, incertain de son sort, Paul fait le point sur sa pensée, parsemant son commentaire proprement théologique de confidences et d'avis amicaux, dans une lettre justifiant à elle seule la comparaison de l'apôtre avec celui que Nietzsche appelait « le toréador de la vertu », *alias* Sénèque :

> Car pour moi, vivre, c'est Christ, et mourir m'est un gain.
> Mais si vivre ici-bas doit me permettre un travail fécond, je ne sais que choisir.
> Je suis pris dans ce dilemme : j'ai le désir de m'en aller et d'être avec le Christ, et c'est de beaucoup préférable... (1, 21-26).

Ph 1, 22 souligne en particulier, on le voit, la place de la volition. Le destin n'y a aucune part : il s'agit d'un

1. X. Léon-Dufour, *Face à la mort. Jésus et Paul*, Paris, Seuil, 1979, p. 172.

choix. Paul s'avoue troublé par l'« embarras de carence » que diagnostiquait Jean Améry. Mais le plus troublant est le 1, 21, le « vivre, c'est Christ ». Si, comme dit Paul en 1, 23, la mort est préférable à la vie parce qu'elle est synonyme d'union avec le Christ, en quoi vivre est-il aussi une manière de suivre le Christ ?

La réponse orthodoxe est généralement trouvée dans Galates 2, 20 : « Je vis, mais ce n'est plus moi, c'est Christ qui vit en moi. » Autrement dit, la vie que vit l'apôtre est déjà une vie *post mortem* (voir aussi 2 Co 4, 8-11 : « Nous portons dans notre corps l'agonie de Jésus »), puisque Jésus est devenu « le premier-né des morts » comme dira plus tard Irénée de Lyon dans sa somme *Contre les hérésies* (II, 22, 4). Ce qui ne résout pas entièrement la difficulté, car Paul ne cesse de rappeler que tous les croyants, morts ou vifs, appartiennent au Christ (Rm 8, 38-39 ; 1 Th 5, 9-10).

La solution à ce problème est donc ailleurs et a prêté à des hypothèses et conjectures diverses, plus ou moins séduisantes. Peut-être Paul joue-t-il délibérément sur les mots[1], plus précisément sur l'homophonie entre le titre de *Christos* (l'oint, donc le Messie) et le mot *chrestos* (utile). Dans cet esprit, Alberto Giglioli, suivant l'arabe du Polyglotte de Walton (1657), est allé tout naturellement jusqu'à amender le texte, substituant *chreston* à Christos en expliquant par un italicisme le changement du *e* en *i*[2]. Sans nécessairement retenir cette hypothèse, rien ne permet d'exclure le jeu de mots. Ainsi, le « vivre est Christ »

1. Droge et Tabor, *A Noble Death,* p. 120-121.
2. A. Giglioli, Mihi enim vivere Christus est : Congeturra al texto di Ph. 1, 21, *Rivista Biblica,* 1968, 16, p. 305-315. Il semble que Suétone lui-même ait confondu le titre de *Christus* avec le nom *Chrestos* dans sa biographie de Claude (*Divus Claudius* 25, 4) : *« Iudaeos impulsore Chresto assidue tumultuantis Roma expulit. »*

se transformerait en une antinomie plus convenue, et qui rend sinon la lettre, du moins l'esprit du passage : « Pour moi, vivre est utile, mourir m'est un gain. » Autrement dit, Paul préfère personnellement la mort, mais il est utile, pour sa communauté, qu'il reste en vie[1].

Si l'apôtre Paul a raison et que le vrai sacrifice est bien de rester vivant, la théologie sacrificielle s'est trompée d'objet : le sacrifice du Christ, c'est sa vie. Son don, c'est sa mort, à commencer par la mort qu'il se donne. A cet égard, le rapprochement avec Antigone est nécessaire, car les évangélistes ont créé un Jésus mort de son plein gré, de son propre chef, sinon de sa propre main. Et ce geste est nécessairement positif.

Si problématique que soit l'interprétation du « vivre, c'est Christ », le sens du « mourir m'est un gain » est, quant à lui, obvie. La clé se trouve en 1, 23, dans l'affirmation par Paul du « désir de s'en aller *(epithymia eis to analysai)* ». Là encore, le parallèle avec Antigone est éloquent : pour elle aussi, « mourir avant l'heure, c'est tout profit » *(kerdos... ego lego)*[2].

La présence, certes ambiguë, de la « tentation du suicide » au cœur de l'interprétation paulinienne de la vie du Christ et du chrétien prend un surcroît de relief si on rapproche les textes déjà cités de 2 Co 5, 1-8 :

> Si notre demeure terrestre, qui n'est qu'une tente, se détruit, nous avons un édifice, œuvre de Dieu [...]. Nous gémissons, dans le désir ardent de revêtir, par-dessus l'autre, notre habitation céleste [...].

1. Pour l'anecdote, on signalera que le héros du roman de Gilbert Cesbron, *Les saints vont en enfer*, se suicide en laissant un billet qui évoque directement ce passage de Paul : cf. J. de Senarclens, *Le suicide*, Genève, 1959.
2. P. Antin, *Mori lucrum* et Antigone (462-464), *Revue des sciences religieuses*, 1964, 62, p. 259-260, et N. Loraux, La main d'Antigone, *in* Sophocle, *Antigone*, Paris, Les Belles Lettres, 1997, p. 105-143. Voir aussi l'*Apologie de Socrate* (40 *c-d*).

Tant que nous habitons dans ce corps, nous sommes hors de notre demeure [...]. Et nous préférons quitter la demeure de ce corps pour aller demeurer auprès du Seigneur.

La dernière phrase est importante parce que la formule « nous préfér[eri]ons » *(eudokoumen mallon)* n'est déjà plus l'expression d'une préférence, mais celle d'un choix : si la mort est tellement désirable, c'est qu'elle est positive, elle mène à la Résurrection. Et si Paul choisit la vie, tel est pour lui le véritable sacrifice : elle est plus nécessaire *(anangkaioteron)* comme il est dit en Ph 1, 24. Une fois de plus, on retrouve le même discours dans la bouche de Socrate (*Phédon,* 62 *c*) : l'individu ne doit pas se tuer, sauf si Dieu fait peser sur lui quelque nécessité *(anangké)*. Musonius Rufus (frag. 29) apparaît à cet égard comme une paraphrase de Paul, Ph 1, 21-26 : « Celui dont la vie est utile à beaucoup n'a pas le droit de mourir, à moins que sa mort ne leur soit d'une plus grande utilité. » Épictète (I, IX, 13-16), qui est un disciple de Musonius, est du même avis et pour les mêmes raisons que Paul formule en 1 Co 9, 16. Saint Ambroise, dans *La mort est un bien* (III, 7), conclut pareillement à propos de Ph 1, 23, qu'il rend par « Être dissous, être avec le Christ, combien c'est meilleur ! ». « Ne fuyons pas la mort, le fils de Dieu ne l'a pas dédaignée », dira pareillement saint Ambroise dans son *De excessu fratris sui satyri.* Il faudrait paradoxalement se tourner vers Sénèque pour trouver un brin de tempérance : « Qui s'obstine à mourir est un douillet » (*Ep.*, CIV, 4). Ou encore, ce constat qui apparaît comme un commentaire anticipé : « Il existe pour la mort une passion inconsidérée (...). Surtout, évitons cette passion qui s'est emparée de plusieurs : *la libido moriendi.* »

Paul éloigne le propos de la mort du Christ, au centre du témoignage de Jean. Mais en focalisant son analyse sur la désirabilité de la mort, son interprétation s'applique à tout homme, à commencer par le Christ, et jette les bases de la théologie augustinienne du martyre, avec sa notion d'utilité et de témoignage et sa célébration de la mort considérée comme un gain. Paradoxalement, Paul montre aussi combien la mort volontaire était presque plus familière aux chrétiens de ce temps qu'à leurs détracteurs païens.

MOURIR UNE FOIS POUR TOUTES

Les Évangiles exceptés, peu de textes ont pour thème central les souffrances et la mort de Jésus. Mais l'Épître aux Hébreux a une intention explicitement catéchétique (He 6) et s'attache à montrer ce que cette mort a d'unique, en quoi son sacrifice remplace tous les autres sacrifices, réputés inefficaces[1]. Et à plusieurs reprises, l'auteur anonyme de ce texte (seules les idées sont de saint Paul, dira Origène) sans doute composé autour de 67 fait allusion à Gethsémani et au Golgotha. De fait, c'est aussi le premier exposé systématique de ce qu'on a appelé la « théologie de l'agonie »[2]. Mais étant donné son caractère unique, on se refuse généralement à en faire la base de la théologie néo-testamentaire du sacrifice, dont l'essentiel se trouve en vérité chez Paul[3].

1. Sur l'Épître aux Hébreux, sa théologie et son analyse critique, voir A. Vanhoye, *Situation du Christ. Hébreux 1-2,* Paris, Cerf, 1969 ; O. Michel, *Der Brief an die Hebräer,* Göttingen, Vandenhoeck & Ruprecht, 1966.
2. Cf. A. Feuillet, *L'agonie de Gethsémani. Enquête exégétique et théologique,* Paris, Gabalda, 1977, p. 176-185.
3. R. J. Daly, *The Origins of the Christian Doctrine of Sacrifice,* Philadelphie, Fortress Press, 1978, p. 69.

De fait, à côté du thème paulinien du « sacrifice du chrétien », le « sacrifice du Christ » est abordé à travers une image sans équivalent : celle d'un grand prêtre qui s'offre lui-même en sacrifice, comme le dieu des morts de la strophe 138 des Havamal *(Dits du Très-Haut),* où c'est Odin lui-même qui parle :

Je sais que je pendis
A l'arbre battu des vents
Neuf nuits pleines
Navré d'une lance
Et donné à Odin,
Moi-même à moi-même donné[1].

Pour bien comprendre ces vers, il faut rappeler que le rapport entre pendaison, c'est-à-dire mort volontaire, et sacrifice sacré est « banal » à propos de ce dieu, au point de fonder une théologie du suicide sacré : le Walhalla est la salle de ceux qui ont péri de mort violente, la qualification la plus sûre pour y accéder étant la mort au combat, puis le suicide. Aussi parlera-t-on d'Odin comme du dieu des pendus ou du Seigneur de la potence. Bref, Odin était un suicidé, et ses adorateurs agissaient suivant son exemple divin – comme les martyrs prétendaient imiter le Christ. A moins d'imaginer un dieu unitrine avant l'heure, permettant d'éviter le suicide par l'intervention de plusieurs personnes ou hypostases, tout semblerait, en effet, autoriser sur ce point un tel rapprochement, la saga projetant un singulier, bien qu'anachronique, éclairage sur les Évangiles. Mais si théologiquement révélateur soit-il, le parallèle est historiquement, voire mythologiquement peu probant, car,

1. Voir Régis Boyer, *La mort chez les anciens scandinaves,* Paris, Les Belles Lettres, 1994, p. 141, et *Le Christ des barbares,* Paris, Cerf, 1987, p. 99 ; ainsi qu'A. Alvarez, *op. cit.,* p. 77.

dans les rares passages des sagas où la mort du Christ est explicitement abordée, le Christ est méprisé de s'être laissé immoler sans coup férir[1]. Par ailleurs, hormis le sacrifice à soi-même, tout semble opposer le sacrifié matois au sacrifié innocent avec lequel la tradition nordique semblera identifier le Christ[2].

En bonne théologie, « l'offrande du corps de Jésus-Christ, faite une fois pour toutes » (He 10, 10) est donc l'unique sacrifice efficace, parce que « vraiment personnel ». Mais, en vérité, que l'offrande et celui qui offre ne fassent qu'un n'est vrai que dans un premier moment dialectique. Il « s'est offert lui-même à Dieu comme une victime sans tache ». Dans le second mouvement de cette dialectique, Jésus s'immole encore, mais il le fait en pleine obéissance envers le Père (5, 8). Il se sacrifie en victime consentante et soumise. Le désir de mort paulinien n'y a plus aucune part.

Cette interprétation serait pleinement recevable n'était He 5, 7-8 :

> C'est lui qui, au cours de sa vie terrestre, offrit prières et supplications avec grand cri et larmes à celui qui pouvait le sauver de la mort, et il fut exaucé en raison de sa soumission.

Le Christ « implore », et il est « exaucé » en raison de sa soumission – d'autres exégètes disent de sa piété. Si l'on suit la démonstration probe et rigoureuse d'A. Feuillet[3], ce qui a été exaucé, ce n'est pas la supplique de Lc 22 : « Père, si tu le veux, éloigne de moi cette coupe », mais « que ce ne soit pas ma volonté, mais la tienne qui se fasse ». Et notre exégète de conclure, bravant les siècles d'abrutissement catéchistique que dénon-

1. R. Boyer, *Le Christ des barbares,* p. 122.
2. *Ibid.,* p. 148.
3. A. Feuillet, *op. cit.,* p. 180 sq.

çait en son temps Charles Péguy évoquant ces « lignes atroces » : « Il est évident que c'est cette partie de la prière du Christ qui est de beaucoup l'élément le plus important ; il n'est pas moins évident que, comprise de cette manière, la demande du Christ à Gethsémani a été pleinement satisfaite. » Ce qui est une autre manière de dire que la soumission ne fut pas passive, mais active. Jésus s'est « voulu soumis » – si l'on permet cet oxymoron, mais il est vrai que la christologie n'en est pas à son premier. La volonté du Père est en l'occurrence ratifiée, surdéterminée, par celle du fils. H. Blumenberg a raison d'observer alors qu' « aucun théologien n'a jamais osé dire sérieusement que Dieu n'aurait pas pu tout aussi bien accomplir sa volonté de Salut sans le sacrifice de son Fils de l'homme. C'est en ceci que réside le libre choix [...] de la Passion dans la nuit du mont des Oliviers »[1]. Comme disait Péguy, tout le reste n'est que « procédure ». Mais la dureté d'un « Salut indu » a paralysé d'effroi l'exégèse, partant a privé *in extremis* une mort qui s'annonçait libre *a limine.*

De Jean à Paul, puis aux Hébreux, il y a donc eu une œuvre de rationalisation théologique, dont les fulgurances johanniques ont fait les frais. Bientôt, il ne suffira plus de parler d'un mouvement spontané vers la mort pour que l'on puisse suspecter un suicide. L'économie de la Rédemption s'est mise à l'œuvre, et avec elle le règne de la nécessité, aussi rigoureuse que l'*anangké* des Grecs. Déjà sont jetées les bases de la théorie des deux volontés, qui permettront, à la suite de Maxime le Confesseur, de distinguer une mort volontaire d'un suicide : autrement dit, il ne suffit pas de lire sacrifice, voire consentement à

1. H. Blumenberg, *op. cit.*, p. 232-233.

la mort, pour conclure au suicide. La théologie du sacrifice ne saurait se confondre avec une théologie du suicide. Les prémisses en existaient, encore éparses, inchoatives, pas même à l'état d'embryon, à côté d'autres éléments, plus conformes, qui tantôt les corroboraient, on le verra, tantôt les contredisaient. Et qui apparaissent avec une clarté renouvelée quand on les remet en situation, c'est-à-dire dans le creuset de la culture païenne où, n'en déplaise à Pline ou à Sénèque, le Christ fit école.

Chapitre IV

Façons païennes et gnostiques de faire mourir un dieu

Je crois à ce mot des anciens Germains : tous les dieux doivent mourir.
Nietzsche, 1870.

Si l'histoire culturelle était autre chose qu'un catalogue incertain de biographies lacunaires et de gloses sur des approximations, en un mot si elle obéissait à une finalité et à une nécessité propres, on aimerait croire à l'authenticité de la correspondance entre Paul et Sénèque, dont saint Jérôme, avant saint Augustin, se fit l'écho dès le IVe siècle[1]. On a peine à croire, en effet, que Novatus, celui qui prit le nom du rhéteur Junius Gallion et qui fut proconsul d'Achaïe, n'ait jamais eu la curiosité d'évoquer avec son petit frère – le Sénèque *saepe noster* de Tertullien, l' *« illi sanctissimi Apostoli amicus charissimus »* d'Augustin (XVIIe sermon) –, la personnalité de l'apôtre Paul, que des « Juifs » firent comparaître devant lui sous prétexte qu'il prétendait les entraîner dans un « culte illégal de Dieu ». Paul fut donc traduit devant le tribunal de Gallion, qui se déclara incompé-

1. Voir désormais Correspondance de Paul et de Sénèque, *in* F. Bovon et P. Geoltrain, *Écrits apocryphes chrétiens,* Paris, Gallimard, « Bibliothèque de la Pléiade », 1997, p. 1579-1594.

tent. Là s'arrête le témoignage des Actes des apôtres (18,12-17).

Que put dire le chantre du « Dieu inconnu » à l'incarnation du droit romain ? Le consul qui avait certainement quelque idée de la « Providence » auquel le philosophe romain prêtait sa voix put-il rester insensible à la doctrine paulinienne et à sa théorie du martyre ? On voudrait croire que non, mais le témoignage néotestamentaire se limite à la seule mention de la confrontation et de la relaxe, et l'on s'épuiserait à vouloir trouver dans les lettres à Lucilius ou d'autres essais contemporains la moindre trace d'une amorce de dialogue. Quant à la correspondance apocryphe, qui se résume à quelques lettres, elle est d'une pauvreté confondante, même si l'on avouera piquant d'y voir le philosophe romain donner à l'apôtre juif des leçons de beau langage, et celui-ci se demander si, vraiment, Sénèque a bien fait de parler de sa petite personne à l'empereur. Ce que P. de Labriolle écrit à propos de la lettre de Pline le Jeune à Trajan et de l'incuriosité du lettré romain à l'endroit des sectateurs de la religion nouvelle vaut *a fortiori* pour Sénèque frères : « Un lettré de grand style [...] ne se met pas en peine de telles sornettes, et n'a cure d'y regarder de plus près. »[1] Le fait est entendu : on chercherait en vain chez les « intellectuels » romains des premiers siècles un commentaire direct de la mort de Jésus. Le dialogue amorcé à distance restera sans suite.

« *Ce Dieu, qui fait mourir Dieu pour apaiser Dieu,* est un mot excellent de La Hontan. Il résulte moins d'évidence de cent volumes in-folio, écrits pour ou contre le christianisme, que de ridicule de ces deux lignes. » Ce com-

1. P. de Labriolle, *La réaction païenne,* p. 35.

mentaire de Diderot[1] vaut largement pour l'attitude des Romains : au contraire d'un Pascal, nul d'entre eux ne pouvait croire « à la vérité des témoins qui se font égorger » ou, si l'on préfère, qui se sont suicidés.

RECRUDESCENCE DE LA MORTALITÉ DIVINE

On s'étonnera donc à peine, peut-être, de voir que, du côté des critiques directs du christianisme naissant, ni Celse, pour qui l'espérance de résurrection était « digne des vers », ni Galien, ni Porphyre, ni même Julien l'Apostat ne trouvèrent rien à redire à l'idée d'un dieu qui meurt, *a fortiori*, de mort volontaire : ils l'ignorèrent. Au demeurant, leur eût-elle été visible, ils n'auraient pas eu d'objection fondamentale à l'idée même : le thème de la mortalité des dieux, cher à l'Égypte antique d'Isis et d'Osiris, était bien ancré dans la culture païenne, et on y prêtait créance jusque dans les cercles du pouvoir[2].

C'est en effet sous le règne de Tibère que se produisit la « mort du Grand Pan », quasi contemporaine, donc, de la mort du Christ :

> Soudain, une voix se fit entendre qui, de l'île de Paxos, appelait à grands cris Thamous. [...] Il s'entendit nommer ainsi deux fois, sans rien dire, puis la troisième fois, il répondit à celui qui l'appelait, et celui-ci, alors, enflant la voix, lui dit : « Quand tu seras à la hauteur de Palodès, annonce que le Grand Pan est mort. »

1. *Addition aux pensées philosophiques,* XL, *in* D. Diderot, *Œuvres philosophiques,* éd. P. Vernière, Paris, Garnier, 1964, p. 64-65.
2. Pour un aperçu daté mais utile de ce thème, voir J. G. Frazer, *Le Dieu qui meurt,* in *Le rameau d'or,* vol. II, Paris, R. Laffont, 1983, p. 23-26, et A. Moret, *La mise à mort du Dieu en Égypte,* Paris, Librairie orientaliste Paul Geuthner, 1927.

[...] Tous furent glacés d'effroi. [...] Lorsqu'on arriva à la hauteur de Palodès, il n'y avait pas un souffle d'air, pas une vague. Alors Thamous, placé à la poupe et tourné vers la terre, dit, suivant les paroles entendues : « Le grand Pan est mort. » A peine avait-il fini qu'un grand sanglot s'éleva, poussé non par une, mais par beaucoup de personnes, et mêlé de cris de surprise.

Le bruit de cet épisode se répandant à Rome, l'empereur lui-même en questionna le principal protagoniste, le dénommé Thamous, un Égyptien, et, si l'on en croit Plutarque, diligenta une enquête sur la mort du dieu[1]. Citant le récit de Plutarque, le grand historien de l'Église que fut Eusèbe de Césarée aux IIIe-IVe siècles fera le rapprochement : « Il vaut la peine d'observer à quel moment [...] a eu lieu la mort du démon : c'était sous Tibère, époque où, selon les ouvrages historiques, notre Sauveur accomplissant son séjour chez les hommes a chassé de leur vie toute espèce de démon. »[2] L'intention est à l'évidence apologétique : un dieu chasse l'autre, transformé en démon. Pan sera plus petit mort que vivant : le grand dieu n'était qu'un petit démon. Une autre concordance était possible, qu'on se gardera de commenter : Pan mourut sous le règne de Tibère, celui-là même qui vit la mort de Jésus. Et sa mort s'accompagna elle aussi d'un phénomène, sinon surnaturel, du moins difficilement explicable : c'était là un lieu commun, assure pour une fois justement L. Rougier, « comme une clause de style d'une mort mémorable et emphatique »[3]. Mais il est vrai que, dans le récit de

1. Plutarque, *De defectu oraculorum,* 17 (trad. R. Flacelière). Sur l'enquête et sa limitation à la personnalité du héraut de la mort, voir S. Reinach, La mort du Grand Pan (1907), *in* S. Reinach, *Cultes, mythes et religions,* Paris, R. Laffont, coll. « Bouquins », 1996, p. 327-328, et surtout J.-Ch. Bailly, *Adieu. Essai sur la mort des dieux,* 1993, p. 99-143.

2. Eusèbe de Césarée, *Préparation évangélique,* V, 17.

3. L. Rougier, *Celse contre les chrétiens,* Paris, Copernic, 1977, p. 120.

Plutarque comme dans le « Songe » de Jean Paul, la mort du dieu se résorbe dans son annonce, et qu'on ne sait rien du pourquoi ni du comment de cette mort. Peut-être la raison en est-elle son mariage avec Écho, mais l'essentiel est dans la stratégie narrative, dans l'effet d'annonce : « Or l'annonce de la mort, commente ironiquement Clément Rosset[1], ne se confond pas nécessairement avec la mort qu'elle annonce, même s'il est vrai que les deux faits coïncident le plus souvent. Mais seulement le plus souvent, c'est-à-dire pas toujours. » Docétisme oblige. Les gloses et exégèses ultérieures ont remué et fouaillé à l'envi le cadavre absent sans y rien changer.

Historiquement la coïncidence ne laisse pourtant pas d'intriguer : en l'espace de quelques décennies, un dieu tard venu dans le panthéon quitte la scène sans autres témoins qu'un mystérieux concert de déplorations, un fils de Dieu meurt sur la Croix d'une mort « volontaire », tandis qu'à l'opposé du spectre les stoïciens célèbrent dans la mort volontaire la supériorité de l'homme sur Dieu (les dieux meurent par leur nature, quand les hommes peuvent transcender celle-ci par la volonté). D'un tel faisceau de données convergentes, il ressort que l'on s'est étonnamment préoccupé de la mortalité des dieux à l'aube du christianisme, mais, dans un premier temps, sans syncrétisme aucun ni aucune velléité de théologie unifiée.

UNE MORT INDIGNE

Ce que les auteurs païens réprouvent de prime abord, ce qui les révulse plus que tout au point de les

1. *Le démon de la tautologie*, Éd. de Minuit, 1997, p. 40.

rendre aveugles au reste, c'est la fable d'un dieu, non pas saisi du démon de la chair (l'Olympe n'en manquait pas, à commencer par Zeus), mais résolu à prendre chair à des fins eschatologiques. Le « christianisme mis à nu » des premiers siècles se focalise sur l'autogénération et l'incarnation, bien davantage que sur l'*autothanasia*.

Celse, qui fut par ailleurs l'un des critiques les mieux informés et les plus pertinents de la théologie chrétienne, reprochait « aux martyrs du christianisme, non pas leur mort, qu'il considère volontaire, mais d'être morts par passion, par fanatisme (...), et non par une résolution froide de la raison »[1]. La mort de Jésus était-elle mieux faite pour trouver grâce à ses yeux ? Son seul commentaire est le mutisme, son silence sur la mort du Christ et la nature de celle-ci s'expliquant sans doute par le fait que, pour un Romain d'esprit aristocratique, le suicide est un acte noble, quand la mort du Christ fut infamante : comment, un Dieu ?, ce petit pouilleux, ce pauvre hère qui va à la mort comme à l'abattoir, qui subit le supplice honteux entre tous de la croix. Dans la perspective évhémériste, qu'adoptera pourtant plus d'un apologiste chrétien avec Minucius Félix ou Firmicus Maternus, la mort de Jésus ne pouvait guère se comparer à celle des hommes divinisés à quoi on réduisait désormais volontiers les divinités du Panthéon. Cette mort était indigne d'un dieu – même juif, serait-on tenté de dire. Comment serait-elle digne d'un Romain ? Le suicide, s'il avait été perçu, eût donné à « cet homme-là », au « mort » *(ho nekros)*, comme le surnommera Julien après Celse, une dimension usurpée, qui ne lui

1. Voir P.-L. Landsberg, « Le problème moral du suicide », p. 122.

appartenait pas. A preuve le récit de la veille au mont des Oliviers :

> Jésus adresse [...] des prières pareilles à celles d'un pauvre hère incapable de supporter sereinement des revers, et c'est un ange qui le fortifie, lui un dieu[1] !

De deux choses l'une : ou l'angoisse du Christ est absurde, parce qu'il ne faisait qu'accomplir la mission de son père, ou elle trahit un pleutre. Dans les deux cas, elle dénonce l'imposture. Et s'il a donné l'impression de se précipiter tête baissée vers son malheur, c'est le signe non pas d'une lucidité ou d'une quelconque volonté, mais d'une légèreté étourdie.

En ce sens, la critique implicite du paganisme des premiers siècles se mord la queue, si l'expression est permise : ce « pommadé » n'était qu'un « fanfaron » (*alazôn* ; II, 7), indigne d'un suicide, donc il n'était pas Dieu. Mais si sa mort volontaire avait eu la dignité de celle d'un Caton ou d'un Sénèque, il n'eût plus été pouilleux, même rongé de vermine. Témoin Socrate, à qui on l'opposait volontiers. L'*Apologie* de Socrate, que le sophiste et rhéteur grec Libanius composa en 362 à la gloire du « saint païen », peut ainsi se lire, en creux, comme une dénonciation du christianisme : le parallèle s'arrête à la mort. De la ciguë à la croix, il y a un pas – matériel, pour ainsi dire technique – que les païens ne purent franchir.

Mais dans les vaticinations et les extravagantes eschatologies des chrétiens, le pire, pour Celse, n'était pas la fin : le vrai scandale était celui de l'Incarnation, fable absurde dont le Dieu vrai n'aurait eu qu'à se plaindre – tout le reste était donné par surcroît. Devenir homme,

1. Julien, *Contre les Galiléens,* trad. Ch. Gérard, Bruxelles, Ousia, 1995, p. 72.

pour un Dieu, était plus qu'un crime, une faute, plus qu'une bévue, une « honte » (IV, 3-5, 7). En IV, 14, il précise que l'incarnation oblige Dieu à se soumettre aux changements des hommes : de bon, il devient méchant, de beau, le voici laid (au demeurant, Origène reconnaît que Jésus était laid, *duseidès*), de juste, le voilà approximatif, quand « ce qui est immortel demeure par essence identique à soi-même ». Or, tranche Celse, les chrétiens croient adorer un Dieu quand ils « adorent un mort » (VII, 68) : sans doute est-ce parce qu'il était charpentier qu'il a été cloué au bois de la croix (VI, 34, 36, 37) ! Aux yeux d'un païen, sa mort n'a rien changé à la nature du « crucifié », tandis que, pour les chrétiens, c'est la mort qui fait de Jésus le Christ[1]. Et c'est parce que la mort est essentielle à la « divinisation » du fils de l'Homme que la mort volontaire ou le suicide est théologiquement suicide du Christ, non de Jésus. Dès lors, il est parfaitement compatible que Jésus soit une victime innocente et que le Christ soit allé au-devant d'une mort volontaire : les deux réalités ne sont pas du même niveau. C'est cette difficulté que la théologie des deux volontés s'efforcera de résoudre en fondant implicitement une distinction entre mort volontaire et suicide. Pour l'heure, le déplacement de perspective – du devenir-dieu de l'homme sage au devenir-homme du Dieu incarné – marquait une telle rupture, un tel scandale que toute problématique de ce type ne pouvait que rester étouffée sous les intentions polémiques.

Reste que le silence de Celse sur la mort de Jésus, alors même qu'il ne manque jamais une occasion de rappeler « je sais tout » avec certaine outrecuidance que lui reprochera Origène, est d'autant plus frappant que,

1. Voir chap. V.

outre divers livres de l'Ancien Testament, il avait très probablement eu connaissance de Jean[1], partant des soupçons formulés par les « Juifs » quant aux intentions suicidaires de Jésus. Il en va de même pour l'empereur Julien qui, dans son souci de ressusciter la religion traditionnelle, fera montre d'une tendresse certaine pour les Juifs et qui n'ignorait probablement rien des critiques que ceux-ci adressaient aux fidèles du « faux prophète ».

Le problème est un peu différent chez Porphyre, à qui chacun s'accorde à reconnaître une bonne connaissance des choses de la théologie chrétienne[2] et qui semble avoir eu quelque admiration pour un Jésus dont les disciples avaient dénaturé la mémoire : ce qu'il récuse, d'après saint Augustin (*Civ. Dei*, XIX, 13, citant la *Philosophie des oracles,* aujourd'hui perdue), c'est le culte voué à un « Dieu mort », parce que ce sont des « juges équitables qui ont mis le Christ à mort, et du moment qu'ils ont bien jugé, c'est donc que le Christ a mérité d'être puni ». Croire au Christ est, plus qu'une souillure, une impiété. Son *Kata Christianon* passe pour la critique antique la plus élaborée du christianisme, mais l'ouvrage – en quinze volumes – est perdu. Comme pour Celse, ce qu'on en connaît nous vient de chrétiens, essentiellement de Jérôme et d'Eusèbe de Césarée, par divers fragments « énucléés » de textes disparates.

1. Labriolle, *op. cit.,* p. 125. Mais, contrairement aux néo-platoniciens en général, Porphyre semblait tenir Jean pour l'expression d'un niveau de pensée inférieur. Julien lui donnera raison, comme si la « conflation » du platonisme et de la tradition hébraïque chez les « galiléens » (ou les « athées ») avait le don de les horripiler plus que tout. Voir *ibid.,* p. 276 et 417. L'acharnement contre Jean – « assez artificieux et fourbe pour exécuter une dérobade », fulmine Julien – explique sans doute qu'ils ne voient pas les autres interprétations de la Passion, dont Jean ouvre au moins la possibilité.

2. Voir, par exemple, R. L. Wilken, *The Christians as the Romans saw Them,* New Haven et Londres, Yale University Press, 1984, p. 120-163.

Le fragment 15, tout entier consacré à la Passion et aux dissonances entre les quatre Évangiles canoniques, notamment entre Luc et Jean, contient une formule sibylline qui mérite d'être citée, sans qu'on puisse en tirer grand-chose ici avec certitude. Porphyre conclut en effet que « cette fiction incohérente[1], ou bien représente plusieurs crucifiés, ou bien représente un seul homme qui meurt mal *(dysthanatounta)* ». Équivoque et incertain, ce dernier mot a suscité naturellement bien des interrogations et des doutes, que dissipe malaisément la lecture des autres textes porphyriens. A première vue, la solution se trouve dans le *De Abstinentia*, où Porphyre évoque les affres des âmes mal dégagées d'avec les corps en cas de mort violente, les *biathanatoi*. A celles-ci, il faut opposer l'âme des brahmanes qui « se hâtent d'affranchir leurs âmes de leurs corps et quittent souvent la vie quand ils paraissent en bonne santé » (IV, 18). La mort des brahmanes n'a rien de tourmenté : ils meurent « bien ». Mais, comme le confirme un autre fragment (n° 62), la mort du Christ ressortit sans conteste à la première catégorie : l'attitude de Jésus à Gethsémani semble à Porphyre « indigne d'un Fils de Dieu, ou simplement d'un sage qui méprise la mort », c'est-à-dire d'un Socrate, d'un Caton ou d'un Sénèque. Dans le fragment 63, il lui reproche de même sa passivité et de n'avoir fait comme Apollonius de Tyane, autrement dit de n'avoir point disparu. Pourquoi avoir consenti à se laisser insulter « comme le premier venu de la canaille des carrefours » ? Il aurait fallu du sublime pour donner crédit à un suicide. L'idée d'un dieu, angoissé, d'un dieu

1. Au moins retiendra-t-on la conclusion quant à la divergence des « témoignages », d'autant plus importante que Jean – et Jean seulement – a inspiré les tenants de la thèse de la « mort volontaire » du Christ.

qui souffre, comme dira le P. Varillon, est une contradiction dans les termes, puisque Dieu est par nature « impassible »[1]. Pourtant, Porphyre lui-même avait songé au suicide et Plotin avait dû déployer des trésors de persuasion pour l'en dissuader[2] : on aurait pu attendre de ce mélancolique plus de finesse dialectique et davantage d'intelligence de la « voie sinueuse » qui mène à la mort volontaire. Encore une fois, le parcours christique vers la mort devient invisible et disparaît derrière la psychologie de Jésus, décidément « indigne » – le mot revient inlassablement sous la plume des païens – d'un sage. Quant aux supputations des « Juifs » de Jean sur les intentions de Jésus, force est de reconnaître qu'elles laissèrent la critique païenne indifférente. On n'en connaît apparemment aucun commentaire direct.

Pour être tout à fait complet, il faudrait signaler d'autres sources indirectes, éparses et, au fond, peu utilisables, de critiques païennes. Au demeurant, entachées de rhétorique, elles semblent avoir une fin plus apologétique. Père de l'Église du milieu du IIe siècle, Justin le Martyr, dans sa *2e Apologie* (4, 1), fait ainsi dire aux païens : « Donnez-vous tous la mort à vous-mêmes. C'est le chemin pour aller à Dieu. Vous nous épargnerez la besogne. » De même, à en croire Tertullien (*Ad Scapulam,* 5, 1), un proconsul aurait tancé en ces termes les chré-

1. Labriolle, *op. cit.,* p. 274.

2. Voir Porphyre, *La vie de Plotin,* 11, et F. Cumont, Comment Plotin détourna Porphyre du suicide, *Revue des Études grecques,* XXXII, 1921, p. 113 sq. ; voir également H. Crouzel, *Origène et Plotin. Comparaisons doctrinales,* Paris, Pierre Téqui, 1991, p. 315 sq. Dans la *Première Ennéade,* 9, rédigée avant l'arrivée de Porphyre dans son entourage, Plotin affirme qu'il est dangereux de « faire sortir l'âme du corps », sauf absolue nécessité. L'attitude de Porphyre à l'égard du suicide est cependant bien plus nuancée qu'on ne le dit souvent. Voir P. Baudet, « L'opinion de saint Augustin sur le suicide », p. 140-141.

tiens : « Malheureux ! Si vous voulez mourir, vous avez des précipices et des cordes. »[1] Si la question de la « mort volontaire » du chrétien est bel et bien posée, il ne s'agit plus du Christ, mais de l'*imitatio Christi*, c'est-à-dire du martyre : elle n'a valeur de commentaire sur la mort du Christ que de manière spéculaire. Le paradoxe est donc que la question du suicide, présente dès l'Évangile de Jean, aura obsédé bien plus les chrétiens que la pensée païenne, et plus les chrétiens du bercail que les gnostiques. En ce sens, on peut parler d' « exception christique », même si sa nature se révèle différemment aux uns et aux autres.

LA TENTATION DOCÉTISTE

« L'Église possède quatre évangiles, l'hérésie en a une multitude », observe Origène dans sa première homélie sur Luc. Le foisonnement des témoignages dès les premiers siècles est en effet déconcertant et l'on peut comprendre le souci constant des Pères d'affirmer un canon. Mais, puisque Origène parle de Luc, il faut aussi rappeler qu'il existe cent cinquante manuscrits grecs de son Évangile, lesquels nous donnent un total de plus de trente mille variantes[2]. Et le processus de sélection, s'il obéit à des règles philologiques et sémantiques précises, recèle également une part d'aléatoire et d'arbitraire : on ne peut que donner raison à H. Blumenberg quand il rappelle que chacune des décisions dogmatiques de la théologie contient un élément de parti pris. Or dans la

1. Il semble cependant que ces plaisanteries païennes aient eu une certaine ampleur. Cf. B. Schoepf, *Das Tötungsrecht bei den Frühchristlichen*, Ratisbonne, 1958, p. 48, 57-58. Mais, apparemment, aucune ne visait le Christ lui-même.
2. P. Fredriksen, *De Jésus aux Christs*, Paris, Cerf, 1992, p. 13.

constitution même du canon entre une part de dogmatique. Sur le chapitre de la mort de Jésus, on ne pourra qu'évoquer ici, faute d'une étude d'ensemble, les principales interprétations données de la mort et remarquer que, sauf cas apparemment mineurs, les « apocryphes » et la « prétendue gnose au nom menteur », suivant le mot d'Irénée de Lyon, ne se démarquent guère des « canoniques », et, quand ils le font, succombent volontiers à la tentation docétiste.

Les *Apocryphes,* à l'exemple de l'*Évangile de Pierre* ou des *Actes de Pilate,* se plaisent à souligner l'abaissement et l'humiliation – même si c'est pour mieux faire ressortir la gloire du Seigneur et incriminer les coupables de ce « meurtre ». La plupart des textes gnostiques de Nag Hammadi, comme l'*Apocalypse de Pierre* ou le *Second traité du Grand Seth,* sont d'ailleurs franchement docétistes : la dissociation du corps et de l'âme permet d'évacuer le problème, puisque au-dessus du corps qui semble souffrir un « visage se réjouit en riant ». Le croyant peut être soulagé. La mort du Sauveur n'est qu'apparence[1]. Même si, dans les *Actes de Jean,* celui qui « s'en va souffrir » y va de son plein gré, il révèle qu'il n'a « souffert aucune des choses qu'on dira de moi ». Si suicide il y a, ce n'est qu'un semblant, une couverture.

La première querelle du « martyre » aura donc pour centre non pas la volonté du Christ, mais la « présence réelle » sur la Croix. N'était-ce qu'une « apparence » ou une réalité ? Il faudra attendre de nouvelles vagues de persécutions, puis Augustin, pour que la question se déplace et que soit mise en cause, chez les « imitateurs du Christ », la part de volonté personnelle. Parce qu'il

1. E. Pagels, *Les Évangiles secrets,* Paris, Gallimard, 1982, p. 118-119 sq. Voir également R. Brown, *The Death of the Messiah,* Londres, Geoffrey Chapman, 1994, II, p. 1092-1096.

s'agit d'une « théologie de situation »[1], la controverse sur la mort du Christ porte, à chaque époque, la marque de l'actualité du moment.

De rares textes gnostiques, embrassant la querelle du martyre, épousent ainsi les positions orthodoxes, d'un camp ou de l'autre. Pour l'auteur du *Livre secret (Apocryphe) de Jacques* (chrétien du IIe siècle ?), le salut passe par l'acceptation de la mort, « car le royaume appartient à ceux qui eux-mêmes se mettent à mort » (6, 18). Devenir « semblable au Fils du Saint-Esprit » (6, 19), c'est embrasser la mort : l'invitation au suicide chrétien n'a jamais été aussi claire, mais elle resta sans lendemain. Le texte suppose que le Christ a choisi sa mort, mais l'imputation demeure implicite et n'a de sens que dans la perspective du martyre et de l'attente de la parousie. Le geste même n'est pas pensé en tant que tel comme il a pu l'être chez saint Jean. De même la *Seconde apocalypse de Jacques* rappelle que la mort est le chemin de la vie (48, 8-9). A diverses reprises, les *Actes de Thomas* et les *Actes d'André* développent des points de vue similaires[2]. Mais, en l'occurrence, on ne sait s'il faut conclure à l'hérésie ou à un démarquage de la théologie paulinienne de l'Épître aux Philippiens ou de la lettre aux Hébreux.

A l'opposé, le rédacteur du *Témoignage de vérité* fustige ceux qui « ne portent témoignage qu'à eux-mêmes » et qui n'ont rien compris au Christ et à sa mort : « Voilà comme ils raisonnent : si nous nous livrons à la mort par amour de lui, nous serons sauvés (...). Mais ils ne possèdent pas la parole qui donne la vie » (32, 25-34, 26). Ils croient se sauver quand ils ne font que « se détruire eux-

1. A.-G. Hamman, in *Le martyre dans l'Église chrétienne*, Paris, Migne, 1990, p. 9.
2. Voir l'analyse qu'en fait S. MacAlister, *Dreams and Suicides*, 1996, p. 90-96, et, surtout, J. Perkins, The Apocryphal Acts of the Apostles and the Early Christian Martyrdom, *Arethusa*, 1985, 18, p. 211-230.

mêmes », alors que le Christ avait « détruit sa chair depuis sa croix » (32, 22-23). On retrouve bien la volonté chez cet adversaire du suicide, mais se pose alors la question de la « réflexion » au cœur du concept même du suicide : qu'est-ce qu'on tue quand on « se » tue ? Si on ne tue que la chair, c'est que la mort volontaire n'est qu'apparente. Ou, plutôt, seule la mort est apparente, mais alors la volonté perd son objet, et seule subsiste la nécessité – tout économique – du Salut.

Au terme de ce tour d'horizon sommaire, on continuera pourtant de s'étonner que, soucieuse de faire valoir la dignité du Sauveur, la polémique chrétienne se soit gardée d'insister, à l'intention de ses détracteurs, sur la volonté ferme de Jésus jusque sur la Croix. Mais le fait est que les apologistes chrétiens n'eussent pas été entendus. L'argument n'aurait eu aucun sens. Le dialogue cessait très en amont : les Évangiles n'étaient qu' « habile machination de charlatans » (Julien *dixit*) et, pour ses adversaires, Jésus n'était qu'un blasphémateur, un apostat. Il méritait la mort[1].

PÉRÉGRINOS, OU LA PREUVE PAR LA MORT

L'évhémérisme qui, dans un premier temps, avait permis aux penseurs païens de rationaliser leur panthéon, était devenu, aux mains des apologistes chrétiens, une arme contre les superstitions. Par un effet de contagion, dont J. Seznec a donné une magistrale analyse[2], il se

1. R. E. Brown, *op. cit.*, I, p. 376-377, 544-545 et 739.
2. J. Seznec, *La survivance des dieux antiques*, Paris, Flammarion, 1980, en particulier, p. 17-40. Voir aussi M. Simon, *Hercule et le christianisme*, p. 26 sq.

« retournera » ensuite contre eux, la personne de Jésus étant à son tour « récupérée » dans la longue lignée des sages divinisés. Quand Érasme écrit, dans son *Enchiridion milites christiani* (1518), « peut-être trouvera-t-on plus de profit à lire la Fable, en y cherchant le sens allégorique, que la Sainte Écriture, si l'on s'en tient au sens littéral », ou que Mutianus Rufus affirme qu'il n'est « qu'un seul dieu [...], mais avec des pouvoirs et sous des appellations multiples », ils sont les héritiers directs d'une tradition « ludique », celle du *serio ludere*[1], inaugurée des siècles plus tôt par Lucien de Samosate en même temps qu'ils rejoignent – *horresco referens* – la grande lignée illustrée par Pline et Sénèque et leurs critiques de la « superstition ». Le rapide examen auquel on se livrera ici de quelques sources littéraires antiques n'a d'autre ambition que de mettre en évidence des analogies et contrastes de nature à éclairer la fin de Jésus. Si les ressemblances ainsi mises en lumière sont inégalement probantes, au moins ont-elles le mérite de montrer que le *topos* de la mort du Christ n'est nullement un hapax et que, considéré en lui-même, il ressortit à un type qui s'accommode fort bien de la mort volontaire ou du suicide. A cet égard, même une convergence fortuite est significative[2] : que le suicide apparaisse comme une « porte ouverte » à un sage vaguement frotté de christianisme prouve assez que le christianisme n'avait pas encore fermé ladite porte. Ou, pour dire les choses autrement, la théologie de la mort du Christ n'était pas encore assez différenciée, dans les premiers siècles, pour que soit plaidable de manière convaincante une mort à ce point singulière

1. J. Seznec, *op. cit.*, p. 93 et 134.
2. Ce qui ne serait pas le cas si l'on comparait l'itinéraire du Christ à celui des « sauveurs païens » étudiés par A. Toynbee dans son « Christus Patiens », *in* A. Toynbee, *A Study of History*, VI, Oxford et Londres, 1939, p. 376-540.

qu'elle ne supporterait en aucune façon la comparaison avec celle d'autres dieux ou héros, notamment celle de Pérégrinos ou d'Apollonius de Tyane.

Dans les romans parodiques de Lucien, la *Vie de Pérégrinos* occupe à cet égard une place de choix : les faits et gestes de son héros doivent autant à la mystique de l'imitation chère aux disciples d'Hercule qu'à la tradition évangélique naissante et permettent de répondre à la question posée par Augustin au livre XVIII de la *Cité de Dieu* : « Comment mettrait-on en parallèle le sacrifice réfléchi et librement consenti du Christ et le suicide d'Hercule ? »[1]

Pérégrinos de Parion, « prophète de l'Hellespont », est en vérité un bien singulier personnage, un « drôle » dont certains contemporains ont parlé comme d'un autre Christ : après bien des vicissitudes et un passage remarqué chez les chrétiens, il devait s'immoler par le feu aux Jeux olympiques de 165[2]. Né vers l'an 100, il commença par mener une vie de patachon et, sentant que, « sous peine d'être traité de baderne, il était urgent pour lui d'être "bon" », il « alla d'un coup à l'extrême »[3] et se convertit au christianisme lors d'un séjour en Palestine, où il se fit passer pour un prophète et un chef de culte, interpréta les livres saints, en composa lui-même, et se fit

1. M. Simon, *op. cit.*, p. 70, résumant saint Augustin, *Civ. Dei*, XVIII, 12.
2. Lucien, *De morte Peregrini.* Voir le commentaire de J. Schwartz, *in* Lucien de Samosate, *Philopseudès et De morte Peregrini*, Strasbourg, 1963 ; voir p. 104-105, à propos du surnom de Pérégrinos, « le Phénix », du nom de cet oiseau qui meurt par le feu et ressuscite. Voir aussi Christopher P. Jones, Cynisme et sagesse barbare : le cas de Pérégrinus Proteus, *in* M.-O. Goulet-Cazé, *Le cynisme ancien et ses prolongements*, Paris, PUF, 1993, p. 305-317 ; et Y. Grisé, *Le suicide dans la Rome antique*, 1982, p. 261.
3. Montherlant, La mort de Peregrinos, *Aux fontaines du désir* (1927), repris *in* Montherlant, *Essais*, Paris, Gallimard, « Bibliothèque de la Pléiade », 1963, p. 250.

vénérer comme un dieu (chap. 11 sq.). Les chrétiens implorèrent en lui un protecteur « juste après celui qu'ils adorent encore, l'homme qui fut crucifié en Palestine », précise Lucien de Samosate.

Pérégrinos sera jeté en prison et son séjour au cachot lui vaudra le surnom de « nouveau Socrate ». Précisons que le lien avait été fait par saint Justin, dans sa seconde *Apologie*, dès le IIe siècle et qu'il était en effet populaire chez les chrétiens. Mais il était loin de faire l'unanimité et fut vertement condamné par un Minucius Felix et un Tertullien.

Pérégrinos avait pour surnom Protée, tout comme Apollonius de Tyane (I, 4) qui se voulait lui aussi une incarnation de ce dieu et dont on a fait parfois un rival du Christ. Et, au chapitre 13, notre héros, par la bouche de Lucien, assimile franchement le martyre à un suicide :

> Les pauvres hères se sont convaincus, avant toute chose, qu'ils vont être immortels et vivre éternellement, en conséquence de quoi ils méprisent la mort et se livrent de leur plein gré à la geôle.

Dans sa « pasquinade », Lucien parle ainsi du « sophiste crucifié », qui a appris à la nouvelle engeance qu'on pouvait devenir immortel en méprisant la mort. Beaucoup, précise-t-il, l'affrontent volontairement. De fait, accusé d'être chrétien, Pérégrinos est appelé à comparaître devant le gouverneur de Syrie – lequel, voyant que son seul désir est de mourir pour la gloire (14), décide de le renvoyer. Pérégrinos, alors, va se « déconvertir », comme dit Montherlant, et se mettre en route pour de nouvelles aventures plus rocambolesques les unes que les autres. Mais le passage le plus spectaculaire est sans conteste le récit de l'autodafé, du suicide de ce drôle marchant à la mort sous le regard de badauds qui

« tous ont la curiosité de Pierre quand il suit de loin Jésus que les soldats emmènent » : « Empêtré qu'il était de sa personnalité, la pensée de sa mort ressuscita »[1] l'olibrius. Ainsi Pérégrinos (33) va-t-il se « vaporiser », ou « s'aérer », comme dit Lucien, après avoir annoncé depuis au moins quatre ans ses intentions et s'être fait appeler Protée ou Phénix : il ne suffit pas, ajoute Lucien, de vivre en conformité avec le maître.

> Qui a vécu comme Héraclès doit mourir comme Héraclès et se mêler à l'éther. J'entends aider l'humanité en lui montrant comment mépriser la mort. Il appartient donc à chacun de devenir mon Philoctète[2].

La référence à l' « héracléologie » est évidente, et doublement revendiquée : pour commencer, Pérégrinos se présente en nouvel Héraclès-Hercule, émule de ce Dieu qui, pour « l'être absolument », explique Schelling, doit mourir : « Le Dieu en lui, ce qui en lui est *Dieu, to en autô théion,* doit consumer cette matérialité pour surgir purement comme Dieu. »[3] Intervient ensuite Philoctète, le fils du berger éolien Poeas, auquel Hercule avait donné son arc après que, seul, il eut consenti à allumer le bûcher de la « divinisation ». Au terme de pérégrinations qui l'avaient conduit à vivre une vie d'ermite abandonné, voire méprisé de tous, il était devenu l'exemple même du sage souffrant : c'est lui que, dans sa prescience, le futur dieu donne en exemple aux ouailles assemblées. Que chacun soit son Philoctète, tout comme les apôtres du Christ étaient conviés à essaimer à travers les nations, et chaque fidèle sommé de porter sa croix. L'analogie est

1. *Ibid.,* p. 253, 258. Le parallèle Jésus/Pérégrinos est constant sous la plume de Montherlant.
2. Voir G. W. Bowersock, *Fiction as History,* Berkeley, University of California Press, 1994, chap. 3, « The Wounded Savior », en particulier p. 71-72 et 74.
3. F.-W. Schelling, *Philosophie de la mythologie,* Grenoble, Millon, 1994, p. 227.

trop criante pour être entièrement fortuite. Reste que l'évocation de Philoctète, à cet endroit, apparaît ironique quand on sait la suite de l'histoire, à savoir que Cicéron, dans les *Tusculanes* comme dans son *Des fins des biens et des maux,* lui adresse les mêmes reproches dont Celse, contemporain de Lucien, accable le « Galiléen ». N'est point sage celui qui ne sait souffrir en silence. Cela vaut pour lui comme pour le Jésus de Celse ou de Julien l'Apostat, qui est la faiblesse et l'hypocrisie personnifiées. Aussi est-il légitime de voir en Philoctète un « miroir polythéiste de la passion chrétienne »[1], et il va sans dire que le Jésus de Celse ne sort pas grandi de cette comparaison.

Qui plus est, observe M. Simon commentant ce même passage, « la soif du martyre qui anime Ignace ressemble fort à celle qui précipite Pérégrinos sur le bûcher, au point que certains critiques ont supposé que Lucien s'était inspiré des lettres d'Ignace pour dessiner son personnage, soit que Pérégrinos lui-même était l'auteur des lettres attribuées à l'évêque d'Antioche »[2]. Pour celui-ci, en effet, il n'était de salut que dans le martyre : « Si nous ne choisissons pas librement, grâce à Jésus, de mourir pour avoir part à sa passion, sa vie n'est pas en nous. » Bref, qui voudrait l'aider à vivre, alors qu'il est promis à une mort certaine, se mettrait *ipso facto* au service du prince de ce monde. Dans l'*Apologétique* (15, 5), Tertullien confirme que l'association entre Hercule et les martyrs chrétiens était devenu un genre de lieu commun en rapportant qu'il vit un jour un martyr qu'on avait déguisé en Hercule avant de le brûler vif ! Dès lors,

1. G. W. Bowersock, *op. cit.,* p. 75.
2. M. Simon, *op. cit.,* p. 158 et n. 71. Voir l'édition des *Lettres* d'Ignace, dans la coll. des « Sources chrétiennes », et Cl. Rambaux, *Tertullien face aux morales des trois premiers siècles*, Paris, Les Belles Lettres, 1979, p. 374.

il est impossible de dire si, en se jetant au feu, Pérégrinos prétend mourir en disciple d'Hercule ou en disciple du Christ, tant l'affinité d'esprit est devenue grande entre les deux « sectes ». Que la mort de Pérégrinos soit contemporaine de la vague montaniste ne fait, à cet égard, qu'ajouter à la confusion. Mais pour Lucien, en tout cas, l'analogie avec la mort de Jésus ne fait pas l'ombre d'un doute puisque, sur le chemin du retour, il raconte à qui veut l'entendre que la terre a tremblé et a fait entendre des mugissements quand « Protée » s'est jeté dans les flammes.

Dans ce dialogue d'un cynisme effronté, Lucien, qui n'avait pas non plus assez de sarcasmes contre les dieux de l'Olympe, promène son Pérégrinos du « christianisme au cynisme ». Il s'agit d'une fiction, et probablement le Pérégrinos que connut Aulu-Gelle (cf. *Nuits attiques,* XII, 11), et auquel il prête des « propos utiles et beaux, ma foi », n'avait-il guère de rapport avec ce joyeux farceur. P. de Labriolle a certainement raison d'observer que, pour lui, le christianisme n'est « qu'une folie de plus à ajouter à l'interminable liste des insanités humaines. Lucien est *le seul* écrivain païen qui paraisse trouver cette folie à peu près inoffensive »[1]. Mais il est aussi le seul à introduire la mort volontaire dans cette version très singulière de l'économie de la Rédemption et, ce faisant, à suggérer, contre Porphyre, que le « devenir dieu » des chrétiens n'est pas si différent de l'*homoiôsis theô* (l'invocation des gymnosophistes n'est donc nullement nécessaire pour expliquer le comportement du dieu en herbe)[2] en général (des pythagoriciens exceptés) et de la

1. Labriolle, *op. cit.,* p. 108.
2. Lucien lui-même, après avoir parlé de l'influence des sophistes indiens (XXV, 39), s'abstient d'en parler à ce propos.

voie héracléenne en particulier : le Jésus de Pérégrinos tel qu'il ressort en filigrane du portrait de Lucien de Samosate est un Jésus qui meurt bien. Il appartient à l'aristocratie spirituelle qui se détruit quand elle ne peut plus progresser (*Enn.*, I, 9). La légèreté primesautière dont les exégètes ont traditionnellement crédité Lucien paraît étrangement clairvoyante – théologiquement parlant – quand il relate les atermoiements et les angoisses du turlupin sur le bûcher – d'autant que, toujours selon Lucien, Pérégrinos assura alors agir pour le bien de l'humanité, afin d'apprendre aux hommes à mépriser la mort et à supporter le mal[1].

LA QUÊTE DE CHRISTS PAÏENS

Un lieu commun, singulièrement fécond, veut qu'à partir de Marc Aurèle, le paganisme ait cherché à se réformer sur le modèle de la religion qui le menaçait et qu'il combattait. *Graecia capta ferum victorem cepit ?* Cette quête prendra, entre autres formes, celle de la fabrication d'un « Christ païen » : ainsi seront élus, outre Apollonius, Apulée de Madaure, auteur des *Métamorphoses,* dont les miracles de thaumaturge valaient ceux de Jésus, mais aussi Socrate, Pythagore, Hercule, Mithra, Esculape, Attis, Hélios.

Apollonius vécut au Ier siècle. Natif de Tyane, en Cappadoce, il s'était affirmé comme thaumaturge (une épigramme découverte récemment évoque ses dons de gué-

1. Il est impossible, à cet égard, de suivre Ch. P. Jones, *loc. cit.*, p. 314, qui récuse *a priori* toute influence chrétienne s'agissant du suicide, sous prétexte que le christianisme eût été totalement opposé *(sic)* à cette forme de mort. Cf., plus généralement, F. G. Downing, *Christ and the Cynics,* Sheffield, 1988, et *Cynics and Christian Origins,* Édimbourg, T. & T. Clark, 1992.

risseur) et voyant, et il menait une vie d'ascète. Malgré des preuves fragiles, les philologues s'accordent pour le rattacher à l'école pythagoricienne, ce qui a une certaine importance au regard de la fin du philosophe et, surtout, de l'usage qui en sera fait par la suite. Hostile aux sacrifices sanglants, il prônait la prière[1]. On lui attribuait entre autres une *Vie de Pythagore,* dont s'inspira Jamblique. Peu de temps après la mort d'Apollonius, un dénommé Moeragénès avait écrit des *Mémorables* à la gloire du thaumaturge « néo-pythagoricien ». Au IIe siècle, la seule mention se trouve dans l'*Alexandre* de Lucien de Samosate, une œuvre dans laquelle, par deux fois, Lucien fustige les chrétiens et se fait écho de la réputation de goète hors pair dont jouissait Apollonius.

Philostrate entreprit la rédaction de cette « biographie » à la demande de Julia Domna, la seconde femme de Septime Sévère : pour ce faire, il prétend avoir repris – mais sans doute est-ce un artifice – un ouvrage d'un ancien disciple d'Apollonius, un certain Damis, d'origine assyrienne, tout en s'aidant des lettres et du *Testament* du héros. Mais Philostrate entend contrer la réputation, à ses yeux par trop limitative, qu'on a faite à Apollonius. Plus qu'un thaumaturge, cette « nature supérieure et quasi divine » (I, 5) vivait dans l'intimité des dieux et pouvait donc nous éclairer sur la manière dont ils voulaient être adorés. Mais l'aspect le plus intéressant de cette vie est sans conteste les parallèles, voire les analogies, avec divers épisodes des Évangiles, avec la personnalité de Paul ou même du Christ. A l'évidence, Philostrate a lu les livres saints et s'en est inspiré dans ce qui n'est, au fond, qu'un « roman », bien que dépourvu d'intention parodique (le fait a son importance quand on

1. Eusèbe de Césarée, *Préparation évangélique,* IV, 13.

en viendra à la mort de ce « Christ hellénistique »). De fait, si la critique a, dans l'ensemble, rejeté la thèse suivant laquelle ce texte aurait été conçu comme une machine de guerre antichrétienne, il est évident que la figure d'Apollonius a été employée dans la propagande antichrétienne. Le *Contra Hieroclem* d'Eusèbe l'atteste.

Mais Philostrate s'est aussi inspiré de la légende de Pythagore, « l'homme-dieu », auquel diverses légendes rapportées par Diogène Laërce (VIII) prêtaient une mort volontaire – entre autres, une mise au tombeau ou un refus de nourriture, jusqu'à ce que mort s'ensuive. De même, à en croire Philostrate, l'exemple de la mort d'Empédocle – qui avait annoncé sa mort et sa divinisation – exerçait une certaine fascination sur Apollonius. Le plus intéressant, pour nous, est donc la fin d'Apollonius : arrêté comme voleur et magicien, Apollonius brise ses liens, franchit les portes qui s'ouvrent spontanément sur son passage et, tandis que les battants se referment derrière lui, on entend des voix de jeunes filles chanter : « Laissez cette terre ! Montez au ciel ! » (VIII, 30). La fuite est volontaire[1]. Mais l'ignominie de la fin est évitée pour faire l'économie de l'absurde résurrection, certes, mais d'abord de la mort. La question de la volonté ne se pose plus.

Notons que cette apothéose n'est qu'une version de la mort d'Apollonius, qui faisait déjà l'objet, elle aussi, de diverses traditions. Reste que le parallèle est d'autant plus troublant que, par un puissant syncrétisme, le culte du « nouveau Pythagore » fut bientôt associé à celui du Christ, d'Abraham et d'Orphée[2], tandis qu'Eunape de

1. Celse, en II, 68, s'était en effet demandé pourquoi Jésus n'avait pas disparu du haut de la Croix. Voir aussi Pseudo-Porphyre, fr. 84.
2. Labriolle, *op. cit.*, p. 189.

Sardes, dans sa *Vie des sophistes,* parle de son existence comme du séjour d'un dieu parmi les mortels. Mais la vraie vie d'Apollonius, si l'on nous permet l'oxymoron, fut posthume. Son cadavre frémit et s'anime sous la plume des païens qui ressuscitent ce brave thaumaturge pour l'opposer au Christ : le parallèle est présent chez Porphyre, il prendra une vigueur nouvelle avec l'embrasement des persécutions, notamment chez Hiéroclès. La machine de guerre poursuivra sur sa lancée au IVe siècle. En attendant, on devine dans ce syncrétisme interprétatif combien la figure de Jésus se confondait, aux yeux des lettrés, avec celle des autres sages passés dans la légende. Seule pouvait l'en distinguer sa mort, quand on la jugeait « ignominieuse ». Glorieuse, elle était de la même famille que celle d'Hercule[1]. Il appartiendra à quelques Pères d'arracher la fin du Christ à ce déshonneur.

Cependant, lorsque Ronsard, dans son « Hercule chrétien », assimile le supplice d'Hercule sur l'Œta au Calvaire ou que, au XVIe siècle, le peintre véronais Gian Battista Zelotti, pour les fresques de la villa Emo à Fanzolo, choisit de représenter un « Hercule Christ » qui se consume sur son bûcher, les bras en croix, inclinant la tête comme pour exhaler un *« consummatum est »*[2], ils marquent l'aboutissement d'un processus d'évhémérisation amorcé dès les premiers siècles du christianisme et qui aura encore une belle postérité. Dans *Les années d'apprentissage,* Wilhelm Meister lui-même avoue une tendresse particulière pour un roman baroque, l'*Hercule chrétien allemand* : « Cette pieuse histoire d'amour était exac-

1. M. Simon, *op. cit.,* p. 63-64.
2. M. Simon, *ibid.,* p. 184.

tement selon mon cœur. »[1] La prégnance de cette confusion obligera la théologie à trouver d'autres arguments pour dire la mort « célibataire » du Christ : du suicide d'une manière plus divine à la mort par consentement mutuel du dieu unitrine.

1. Goethe, *Les années d'apprentissage de Wilhelm Meister,* liv. VI : « Confession d'une belle âme ».

Chapitre V

De l'anatomothéologie à l'invention d'un trope : mort volontaire et suicide divin

Le christianisme a imaginé qu'il n'était possible de devenir immortel qu'en mourant.

Cioran, *Le livre des leurres.*

« D'autres mythologies ont pu venir. D'autres sauveurs ont pu varier le grand thème éternel de la Passion. [...] Mais leur *passion passive,* loin de nous donner force, a fait nos découragements et leur fatale légende crée l'inertie stérile. C'est dans la *passion active,* herculéenne, qu'est la haute harmonie de l'homme, l'équilibre, la force qui rend fécond ici-bas », écrivait Michelet dans *La Bible de l'Humanité* (1864). Dans son esprit, l'exemple était, bien sûr, celui d'Hercule, le Christ étant à ranger parmi les passifs. Croyant innover, et semblant ignorer la confluence de l'héracléologie et de la christologie, l'historien moins nietzschéen que de raison ne faisait pourtant que retourner l'argument de l'apologétique chrétienne des premiers siècles en remettant au goût du jour une problématique qui, alors appliquée en sens inverse, eût paru quasi blasphématoire alors même qu'elle avait acquis quelques lettres de noblesse dans les premiers siècles du christianisme. Les origines du trope théologique d'une passion active et divinisante sont en effet à chercher du côté des premiers Pères, à une époque où, pour être encore balbutiante, la théologie s'autorisait encore quelque fulgurance. Suivant le mot heureux de J. Pigeaud[1], on pourrait dire que la mort du Christ a « relayé » celle d'Hercule, comme celle de Caton avait « relayé » celle de Socrate. Et de même qu' « on se juge en jugeant Caton »[2], on se jugera en jugeant le Christ, suivant la part de mort volontaire et libre qu'on lui concédera. Car c'est bien dans un souci de « relayer » la mort des sages et de la dépasser en unicité et en prodige que les Pères s'appliqueront à monter en épingle ce qui, dans les Évangiles, pouvait prêter à la mort de Dieu quelque panache.

TERTULLIEN OU LE REFUS DE LA « PASSION PASSIVE »

On a beaucoup glosé sur le montanisme de Tertullien (150/160-220), le plus ancien docteur de l'Église latine, dont les accès d'impatience parousique légitimaient les appels au martyre. Chacun, en allant au-devant de la mort ou tout simplement par ses prières, pouvait hâter la fin du monde[3] : « Un martyr, chantent aujourd'hui les femmes pashtounes, est comme l'éclair qui brille puis s'éteint. Celui qui meurt chez lui ne fait qu'abîmer les lits. »[4]

1. J. Pigeaud, *Socrate et « la belle mort »*, à paraître.
2. M. Pinguet, *La mort volontaire au Japon*, 1984, p. 317.
3. *De oratione*, 5, 1.
4. Sayd Bahodine Majrouh, *Le suicide et le chant*, trad. du pashtou, Paris, Gallimard, 1994, p. 80.

Pour l'auteur « compromettant »[1] du *De Fuga,* le premier auteur à avoir appliqué l'expression « Dieu est mort » au Fils de Dieu tout en traitant de blasphémateurs ceux qui voulaient l'étendre au Père[2], un chrétien n'avait pas le droit de se soustraire au martyre par la fuite. Mieux valait encore prendre le risque du reniement (*De Fuga,* 10) : chacun devait se charger de sa croix et la porter à la suite du Maître, car « l'unique clé qui ouvre la porte du paradis est votre propre sang », lançait-il à ses ouailles[3]. De même donnait-il en exemple les fidèles qui se précipitaient en masse dans l'« antre de la bête », *alias* un dénommé Arrius Antonius qui les promettait à la mort. Didon et Lucrèce *(Ad Martyras)* elles-mêmes étaient dignes d'éloge d'avoir choisi la mort plutôt que le déshonneur. Tout cela se rattache, en toute dogmatique, à sa période montaniste, partant « hérétique ».

Mais dans son *Ad Nationes* (I, 18), ouvrage à l'orthodoxie incontestable et incontestée, il rappelle à leur tradition les païens qui reprochent aux chrétiens de « désirer la mort »[4] : et d'invoquer ailleurs les exemples de Régulus, « héros vainqueur jusque dans la captivité » (*Apol.,* 50), d'Attica et de tant d'autres. Seul de toute la littérature patristique, il fait le parallèle explicite entre les héros de l'Antiquité et la conduite des chrétiens et se demande au nom de quoi ceux qui meurent pour la

1. Voir Ch. Munier, *Petite vie de Tertullien,* Paris, Desclée de Brouwer, 1996, p. 129.
2. E. Jüngel, *Dieu mystère du monde. Fondement de la théologie du Crucifié dans le débat entre théisme et athéisme,* trad. franç., Paris, Cerf, 1983, I, p. 99.
3. *De anima,* 55.
4. Sur la permanence de la doctrine du martyre chez Tertullien, voir Cl. Rambaux, *Tertullien face aux morales des trois premiers siècles,* Paris, Les Belles Lettres, 1979, p. 367-406.

patrie seraient des sages, alors qu'il serait fou de mourir pour son Dieu[1].

Anaxarque, tandis qu'on le broyait à un pilon à la manière de l'orge, disait : « Broie, broie l'enveloppe d'Anaxarque, car pour Anaxarque, ce n'est pas lui que tu broies. » Quelle grandeur d'âme chez ce philosophe capable de plaisanter au moment même où il subissait une pareille mort ! (*Apol.*, 50).

Presque plus surprenante encore est la mention dans le même passage d'Empédocle, « qui se livre tout entier aux feux de l'Etna », et de Zénon d'Élée, qui, « interrogé par Denys sur ce que pouvait donner la philosophie, répondit : "L'impassibilité", et battu de verges sur l'ordre du tyran, scella sa réponse de son sang jusqu'à la mort » *(ibid.)*. Le plus ironique est toutefois l'allusion à Pérégrinos (*Ad Martyras*, 4), que Tertullien ne craint pas de donner en exemple aux martyrs, sans révoquer en doute ses mobiles, alors qu'il reconnaît, à quelques paragraphes de là, que certains hommes affrontent la mort animés d'un désir morbide[2]. Bref, pour lui comme pour son cher Sénèque *« saepe noster »* (*De anima*, 20), « être chargé d'entraves », c'est être « divinement libre »[3] *(Ad Martyras)*. La « verroterie » de la vie fait pâle figure en comparaison des « authentiques joyaux » de la mort consentante du martyr. On a remarqué avec raison que, à force de faire du martyre le seul combat décisif pour le Salut, Tertullien amoindrit ainsi le rôle du Christ

1. Parmi les exemples d'héroïsme païen qu'il donne, on a trois supplices du feu choisis par les païens (Mucius, Empédocle et Didon) et trois supplices volontaires. Pour plus de détails, cf. J.-P. Waltzing, *Tertullien. Apologétique. Commentaire analytique, grammatical et historique*, Paris, Les Belles Lettres, 1984, p. 320 sq. On remarquera l'absence de Socrate, dont une tradition avait fait, comme d'Ulysse (cf. Clément d'Alexandrie), un précurseur du Christ (cf. Justin).
2. Sur Pérégrinos, voir *supra*, chap. IV.
3. Voir aussi M. Spanneut, *Le stoïcisme des Pères de l'Église*, Paris, 1957, p. 154.

et de l'*imitatio Christi*, au point qu'« on serait tenté d'induire de ce quasi-silence qu'il met son sacrifice presque sur le même plan que celui des autres hommes »[1]. L'imitation du Christ se réduit alors à gagner son Salut soi-même en se faisant occire.

Montaniste ou orthodoxe, il est un point, en revanche, sur lequel il ne dévia jamais et sur lequel il devance Origène – la manière « plus divine » en moins –, et qui, en un sens, est le fruit de cette première position. Pour Tertullien, en effet, le Christ s'est, comme dit A. Bayet, « matériellement » tué lui-même :

> Attaché à la croix, il a fait beaucoup de prodiges propres à cette mort, que jamais on ne vit chez d'autres criminels morts en croix. En effet, de lui-même, il rendit l'âme avec ses dernières paroles, prévenant l'office du bourreau *(Spiritum cum verbo dimisit, praevento carnificis officio)* (*Apol.*, XXI, 19).

On aurait pu croire que l'allusion portait sur des phénomènes naturels ou autres, par exemple la disparition du soleil, les ténèbres qui enveloppèrent le monde à l'heure fatale ou le déchirement par le milieu du voile du sanctuaire. Mais le « en effet » qui explicite son propos rend cette hypothèse caduque. Le vrai prodige est la mort : après tout, est-il si commun qu'un Dieu meure, et la mort même du fils de Dieu ne tient-elle pas du prodige incroyable ? Cependant, Tertullien va plus loin, car pour lui, seul le Christ saurait être l'auteur de sa mort et en fixer l'heure. Autrement dit, il n'attendit point que les soldats lui brisent les jambes comme ils brisèrent celles des larrons[2]. Affirmation que

1. Cl. Rambaux, *op. cit.*, p. 382-383, qui signale à cet égard la parenté avec *Le Pasteur* d'Hermas. Cf. R. Joly, *Hermas. Le Pasteur,* coll. « Sources chrétiennes », p. 31-33.
2. R. Brown, *The Death of the Messiah,* Londres, Geoffrey Chapman, 1994, vol. II, p. 1089.

corroborera Origène dans le *Contre Celse* (II, 16) à propos de Jean 19, 16 :

> Peut-être la raison de sa hâte à sortir de son corps était-elle de le conserver intact et d'éviter que ses jambes ne fussent brisées comme celle des brigands crucifiés avec lui.

En bon théologien d'Église, R. E. Brown rappelle opportunément à ce propos qu'aucun organe vital n'est atteint par la crucifixion : il faut donc trouver une autre explication physiologique – chose que les premiers chrétiens, assure-t-il, n'ont pas pris la peine de faire parce qu'ils tenaient la mort pour un miracle, dont Jésus avait « la pleine maîtrise ». On se contentera ici de s'étonner de ce curieux tour de passe-passe qui, de l'affirmation de la « maîtrise », conclut au miracle – avec quelque longueur d'avance, puisque la thèse de la « mort miraculeuse » hors anatomie appartient en propre à Augustin : on verra plus loin pourquoi. Ici, Tertullien est plus sobre et se contente de dire : « Il devança l'office des bourreaux », comme on dit aujourd'hui d'un homme qui abrège ses jours qu'il « devance l'appel ». Il n'y a là aucun miracle autre que le plein exercice de la volonté au moment où on l'attendrait le moins. Ce qui est prodigieux, c'est l'efficace du verbe *(Spiritum cum verbo dimisit)*, qui renvoie au *« In principio erat Verbum »* du prologue johannique. Tertullien se contente de lire Jean et de reprendre à son compte son anatomothéologie. Comme l'a bien vu Péguy, Dieu est aussi souverain dans la puissance que dans l'impuissance. L'iconographie des premiers siècles corrobore cette lecture des Pères, puisque Jésus est volontiers représenté « nu, hormis une ceinture en guise de cache-sexe, le *subligaculum* [...] qui, contrairement à l'avis de certains, n'est pas la ceinture de l'esclave, mais la ceinture de l'athlète dans l'arène »[1]. Le Christ est lui aussi un athlète de la mort, contrairement à Judas, qui, lui étant opposé, ne quitte jamais son pauvre air penché et torve, signe qu'il a l'esprit tortu jusque dans la mort, qu'il subit sa mort quand Jésus la choisit.

On observera par ailleurs que c'est apparemment la première occurrence du trope suicidaire, et qu'elle doit, semble-t-il, l'essentiel à saint Jean, même si Tertullien ne s'y réfère pas explicitement en ces pages. Mais il faut ajouter que cette insistance sur la volonté réelle va de pair avec toute une rhétorique du Christ humilié qui prend à partie ceux qui mettent hors de cause les « meurtriers de Dieu » (par ex. dans le *De carne Christi*, v. 210-212). L'affirmation de la mort volontaire est toujours contrebalancée par l'insistance sur le rôle des « méchants », économie du salut oblige.

Dans la même logique que Tertullien, mais plus tardif, il faut citer le *Martyre de Pionius*, daté du règne de Dèce, vers 250 : Pionius, évêque de Smyrne, se réclame de Jésus, qui n'a pas été exécuté par les Juifs, mais qui a quitté la vie de son plein gré :

> Ce qu'oublient ces gens-là, explique Pionius à ses codétenus, c'est que ce « criminel » [le Christ] a quitté la vie de son plein gré *(ho idia proairesei exagon heauton tou biou)* (13, 7).

Autrement dit, ces « gens-là », c'est-à-dire les Juifs, se prêtent un pouvoir qu'ils n'ont pas. Origène résumera à la perfection, dans son *Commentaire de l'Évangile de Jean* (XX, 80), la position alors commune aux premiers théologiens :

> Puisqu'on ne tue pas Dieu, s'il arrive que ceux qui cherchent à tuer tuent, ils tuent un homme et, s'ils cherchent à tuer sans tuer, c'est que, ne pensant pas que c'est contre un Dieu qu'ils conspirent,

1. Fr. Tristan, *Les premières images chrétiennes*, Paris, Fayard, 1996, p. 568.

ils conspirent comme contre un homme : en effet, nul, persuadé que c'est contre un Dieu qu'il conspire, ne continuerait à conspirer contre lui.

Tout au plus peut-on tuer le « corps du Verbe, mais pas son âme ». Et encore ! Puisque l'anatomie de ce corps a des facultés proprement divines. Bref, les « Juifs » sont moins « complices » de la mort de Jésus que complices involontaires, voire prophètes, de son œuvre de Salut. Et pour bien se faire entendre, Pionius explique que, lui aussi, il choisit de mourir *(apothneskein hairoumai)* en obéissance à son maître[1] (4, 7). Alors que le proconsul lui demande pourquoi il met tant de hâte à aller au-devant de la mort, Pionius répond, dans un langage très paulinien, qu'il va « vers la vie » (20, 3, 5). On pourrait multiplier à l'envi les épisodes de ce genre, mais, comme dit P. Boudet, « point n'est besoin d'aller fatiguer les récits hagiographiques, tous formés sur quelques patrons assez simples, qui se répètent »[2].

Dans cet esprit, il faut sans doute imaginer un Nietzsche aussi familier des Pères de l'Église que des présocratiques lorsque, de la litanie des martyrs donnant « en chœur dans le volontariat du suicide »[3], il conclut dans *Christianisme et suicide* :

> Le christianisme a fait de l'immense désir de suicide qui régnait au temps de sa naissance le levier même de sa puissance : tandis qu'il interdisait de façon terrible toutes autres formes de suicide, il n'en laissa subsister que deux qu'il revêtit de la suprême dignité et qu'il enveloppa de suprêmes espoirs : le martyre et la lente mise à mort par soi-même de l'ascète[4].

1. Le prétendu suicide par obéissance des « stoïciens », en fait d'Épictète. Voir chap. Ier, n. 37, p. 1.
2. Patrick Baudet, « L'opinion de saint Augustin sur le suicide », 1988, p. 133.
3. Le mot est de M. de Diéguez, *Jésus,* 1985, p. 250.
4. Nietzsche, *Le gai savoir,* liv. III, § 131, Paris, Gallimard, *Œuvres philosophiques complètes,* vol. V, 1982, p. 153.

C'est ce que Manuel de Diéguez appelle, d'une image éloquente, la « théologie à péage »[1] : la mort est le prix à payer pour s'unir à Dieu. Mais Nietzsche avait lui aussi pressenti « l'exception christique », fruit naturel de la normalisation théologique des premiers siècles puisque, comme on l'a vu, il a, mieux que d'autres, mais « en creux », subodoré le retournement augustinien qui fera de la mort du Christ la seule légitimement volontaire : « Qu'on tâche donc, au nom de la "vie éternelle", de les persuader de quitter cette vie ! », écrit-il dans « Des prédicateurs de mort »[2]. Non sans fourberie, la lente élaboration de la théologie du sacrifice, soupçonnait-il, avait hypocritement accordé au Christ une mort volontaire pour mieux la refuser aux chrétiens.

ÉRASME ET LE *TAEDIUM VITAE* DE JÉSUS

A l'aube du XVIe siècle, une curieuse polémique, mi-théologique mi-rhétorique, oppose Érasme à son ami anglais John Colet[3]. A celui-ci, qu'indispose le manque d'*alacrité* du Christ à Gethsémani et qui objecte que « l'horreur de la mort n'est pas le fait des hommes forts », le sage de Rotterdam répond dans un opuscule étonnamment intitulé *Disputatiuncula de taedio, pavore, tristi-*

1. M. de Diéguez, *op. cit.*, p. 250. Sur l'union du *Christ* et du *fisc*, que cette théologie suppose, requiert et fonde, voir E. Kantorowicz, Christus fiscus, in *Mourir pour la patrie*, trad. franç., Paris, PUF, 1984, p. 95 sq.
2. Nietzsche, *Ainsi parlait Zarathoustra*, trad. G. Bianquis, Paris, Aubier, 1992, p. 119.
3. Voir l'excellent résumé de X. Tilliette, *La Semaine sainte des philosophes*, 1992, p. 32-36, dont l'analyse souffre cependant de n'être resituée dans le contexte de la théologie origénienne ; Léon E. Halkin, *Érasme*, Paris, Fayard, 1987, p. 59-60, et, surtout, le commentaire de G. J. Fokke, *Christus verae pacis auctor et unicus scopus. Erasmus and Origen*, Louvain, 1977, p. 61-177.

tia Jesu, instante supplicio Crucis, deque verbis quibus visus est morte deprecari, PATER SI FIERI POTEST, transeat a me calix iste (1514)[1]. Et, avant Péguy et H. Blumenberg, il le fait dans la droite ligne de saint Matthieu en centrant sa théologie sur la « tristesse jusqu'à la mort du Christ ».

Pour lui, l'ennui et l'épouvante du Christ, sa tristesse sans nom, ne sont pas le signe d'un amour déficient de l'humanité, d'une dérobade, mais bien d'une volonté plus forte du Christ d'aller jusqu'au bout de la mort. Le Christ a voulu sa mort et ne l'a pas voulue. Les maux qu'il portait, les nôtres, n'ont fait que redoubler son angoisse, car le Christ était porteur des mêmes affections qui sont en nous. A l'heure fatidique, « tout est prêt et Dieu ne l'est pas »[2]. En rupture avec le montanisme de Tertullien, Érasme affirme que le Christ est à l'opposé des martyrs, tout en athlétisme comme eût dit saint Ambroise, car « la force ne consiste pas à ne point sentir les choses pénibles, mais à les vaincre par un courage constant et permanent ». Ailleurs il dira, dans le même esprit, que la contrainte s'accommode mal de la nécessité. Bref, répond-il à son interlocuteur,

> ... l'alacrité que tu veux pour accompagner la charité, nous l'ôtons au Christ à l'extérieur pour la lui concéder, à lui seul, intérieurement, aussi grande que chez tous les martyrs réunis.

Pour les martyrs, Érasme reprend l'idée de Tertullien, selon qui l'aide du Paraclet leur était acquise[3] : si le *« Christus in martyre est »* (si « le Christ est présent chez le martyr »)[4], la préparation au martyre, telle que la conce-

1. On en trouvera le texte complet dans *Desiderii Erasmi Roterodami opera omnia,* éd. J. Clericus, Leyde, t. 5, col. 1265-1292.

2. J. Bastaire, introduction à Ch. Péguy, *Gethsémani,* Paris, Desclée de Brouwer, 1995, p. 15.

3. *De fuga,* 8, 1 ; *Adversus Praxean,* 29, 7.

4. *De pudicitia,* 22, 6. Voir P. de Labriolle, *La crise montaniste,* Paris, 1913, p. 372.

vait Tertullien, exigeait néanmoins un entraînement quasi militaire[1], parce que, si le martyre était l'apothéose, il était aussi la plus grande tentation[2] : un mot de reniement suffisait pour avoir la vie sauve et se vouer à une éternité d'enfer. Mais Érasme va plus loin encore : le Christ « a souffert par volonté » quand les martyrs ont souffert « par nécessité ». Si forte était sa volonté qu'il n'a pas craint d'aller à la mort, prenant soin d'en éprouver toute l'horreur, quand il a donné à ses disciples l'allégresse pour suppléer aux défaillances de leur tête, afin que leurs membres fussent forts : « Le maître a été en grande détresse, afin que les serviteurs eussent moins d'angoisse. » Pour Érasme, comme pour J. Donne après lui, il faut imaginer un Christ triste et las, mais fort de la détermination d'un Sénèque tel que nous le décrit Tacite[3]. Dès lors, la mort apparaît d'autant plus volontaire que l'ennui était grand. Cédant à la tentation de psychologiser la « posture » du Christ, Érasme met ici entre parenthèses la théologie trinitaire, pour renouer subrepticement avec la théologie encore volontiers « binitaire » d'Origène[4]. On retrouve bien la doctrine des deux volontés, voire des trois, mais dans une économie à laquelle la doctrine de Maxime le Confesseur nous a déshabitués, car, outre la volonté divine, Jésus est travaillé par deux volontés : celle de son esprit, qui partage la volonté divine, et celle de sa chair, qui se rebelle lors même qu'il la veut soumettre aux tourments de la crucifixion. Son sentiment *(affectus)*, fait dire

1. Cl. Rambaux, *op. cit.*, p. 383-386.
2. *De fuga*, 2, 5.
3. Tacite, *Annales*, XV, 60-65.
4. Voir A. Godin, *Érasme lecteur d'Origène*, Genève, Droz, 1982, p. 152 et 638-641, et J. Chomarat, *Grammaire et rhétorique chez Érasme*, Paris, Les Belles Lettres, vol. I, p. 639-643.

Érasme à Jésus dans une prosopopée que souligne justement X. Tilliette, n'est pas « d'aller au trépas avec allégresse *(alaciter)*, mais de frémir d'horreur *(exhorrescere)* »[1]. La déréliction est absolue, mais la volonté libre et entière : on ne saurait donc parler d'aboulie comme chez Hamlet. La volonté du Christ « triste à la mort » est toute dans sa soumission.

ORIGÈNE OU L'INVENTION DU SUICIDE EN UN SENS « PLUS DIVIN »

Tout autre est la perspective d'Origène (mort en 253-254), cet « Hellène formé aux méthodes hellènes », suivant le mot de Porphyre, qui « créa », en quelque sorte, le trope théologique de la mort volontaire dans son magistral et polémique *Commentaire* de l'Évangile de Jean[2].

Alors que Celse n'a que mépris pour le pauvre diable qui s'est laissé prendre, insulter, bafouer et crucifier, Origène objecte qu'il faut distinguer l'homme Jésus du Dieu, le second seul ayant été crucifié[3]. Mais cette distinction est toute tactique, puisque, pour lui comme pour Tertullien, c'est le Christ qui s'est manifesté sur la Croix – par la Croix, Jésus devenant Christ et affirmant sa divinité au point de devenir le « Royaume en personne », l'*autobasileia*. « Sur cette croix, il n'y avait pas que la mort en croix »[4], dira pareillement Dostoïevski.

1. X. Tilliette, *op. cit.*, p. 34, citant Érasme, *op. cit.*, p. 160.
2. *Sur Jean*, XIX, XV, 98, à propos de Jn 10, 18, voir P. Hartmann, Origène et la théologie du martyre, *Ephemerides Theologiae Lovanienses*, 34, 1958, p. 773-824.
3. *C. Celse*, VII, 14 et 16.
4. Dostoïevski, *Carnets des démons*, Paris, Gallimard, « Bibliothèque de la Pléiade », 1955, p. 977.

Puis Origène insiste avec force sur cette objection : le Christ s'est présenté de lui-même[1]. Mieux encore, il s'est défait des liens dont on prétendait le charger[2].

Expression par excellence d'une « théologie en recherche »[3], le *Commentaire* sur Jean 8, 21-22, « Moi je m'en vais » (*ego upagô* ; XIX, 98), est l'occasion d'aborder plus directement la question de la *mors voluntaria*[4] :

> Et – si, sans scrupules dans l'emploi des termes mais en regardant les réalités en face, nous ne trouvons pas d'autres termes à utiliser pour ces réalités – peut-être Jésus s'est-il tué lui-même *(Ièsous auton apékteinein)*, d'une manière plus divine[5], si je puis dire.

Ce sens « plus divin » est absolument nécessaire, car dans son *Contre Celse* (V, 27, 12), le même Origène réprouve ceux qui, à l'instar des gymnosophistes et autres Pérégrins, croient que « se livrer aux flammes et quitter la vie par le feu » équivaut à une purification parfaite. Pour mieux étayer sa démonstration, il cite ainsi Jean 10, 18[6] : « Nul ne m'ôte mon âme, mais je la dépose de moi-même ; j'ai pouvoir de la déposer et j'ai pouvoir de la reprendre » *(all' ego tithèmi autèn ap' hemautou)*. Dans le *Contre Celse* (III, 32), il revient sur ce point en ajoutant aussitôt :

> Puisqu'il avait le pouvoir de la livrer, il l'a livrée lorsqu'il a dit : « Mon Père, pourquoi m'as-tu abandonné ? » et que, « poussant un grand cri, il rendit l'esprit », devançant ainsi les bourreaux chargés du supplice qui brisaient les jambes des crucifiés.

1. *In Io.*, XXVIII, XXIII, 205 ; *In Matt. ser.*, 100 ; *GCS*, XI, p. 220 ; *C. Celse*, II, 10.
2. *C. Celse*, II, 11 ; *In Matt. ser.*, 115, p. 242.
3. H. Crouzel, *Origène*, Paris, Lethielleux, 1985, p. 216 sq.
4. Sur les occurrences de l'expression chez Jean, voir M. C. de Boer, *Johannine Perspectives on the Death of Jesus*, 1996, p. 318-319.
5. Voir H. Crouzel, *Origène et Plotin. Comparaisons doctrinales*, Paris, Pierre Téqui, 1991, p. 316, mais l'auteur fait entièrement abstraction du commentaire sur Jean.
6. En XIX, 99 et 100.

Origène répète, presque *verbatim,* l'analyse de Tertullien. Avec raison, il insiste lourdement sur ce point : Jésus est le seul à avoir jamais prononcé ces mots (ni Moïse ni les patriarches ne l'avaient précédé). Jésus est donc « libre parmi les morts »[1]. Le mot est quasi nietzschéen, quand bien même la conclusion est aux antipodes. Qui plus est, et ce sera sa première thèse anatomothéologique, « il n'a pas déposé son âme selon quelque manière commune à ceux qui meurent » : « Pour les autres cadavres, le sang est coagulé ; mais pour le cadavre de Jésus, le miracle était que même de son cadavre "du sang et de l'eau" se soient écoulés du côté » (II, 36)[2].

En déclarant « je dépose *(paratithèmi)* mon âme entre tes mains », le Seigneur a en effet manifesté le caractère volontaire de sa mort *(to exousion)* et son intention de reprendre ensuite son âme[3]. D'avance, il avait révélé le caractère inouï de son départ, lui qui avait la faculté de déposer (*ponere,* dira aussi Thomas d'Aquin) son âme pour la reprendre ensuite[4]. En vérité, il serait plus juste de dire que le Christ est « sorti de la vie » *(ton Bion exelèluthen)*[5]. Pour parler de cet acte, Origène emploie d'ailleurs un mot d'usage rare chez les Grecs – *exodos* – et dont Cécile Blanc précise qu'on ne le trouve que deux fois dans le Nouveau Testament[6].

Qui plus est, avance Origène dans un argument qu'on retrouve aussi dans la *Somme théologique* de l'Aquinate, la

1. *En nekrois eleutheros,* Ps 87 (88), 6 ; cf. saint Augustin, *Enarr. in Ps.*
2. Cf. M. Fédou, *Christianisme et religions païennes dans le « Contre Celse » d'Origène,* Paris, Beauchesne, 1988, p. 104-105.
3. *In Luc,* fr. 253 ; *In Matt.,* fr. 562 ; *GCS,* XII, p. 231 ; *C. Celse,* III, 32.
4. *In Io,* XIX, XVI, 101 ; *C. Celse,* II, 16 ; III, 32.
5. 115 ; cf. aussi XXXII, XX, 65, et *Homélies sur Jérémie,* XVI, *GCS,* III, p. 137.
6. Dans son admirable édition du *Contre Celse,* coll. « Sources chrétiennes ». Cf. Lc 9, 31 ; 2 P 1, 15.

volonté du Christ se manifeste jusque dans la rapidité de sa mort : ce sera la deuxième thèse anatomothéologique. Le Christ est resté non pas deux jours en croix, à l'instar des autres suppliciés, mais trois heures seulement. A aucun moment il ne soupçonne une faiblesse qui pourrait expliquer une mort plus rapide. Comment mieux affirmer, que par cette mort hâtée, son autorité dans ce qu'il a jugé bon de faire[1] ?

Toujours dans le même sens, le commentaire sur Matthieu 26, 39 *(Exhortation au Martyre)* donne lieu à une « exégèse de la coupe »[2]. Origène reconnaît (29) qu'on pourrait y voir une marque de fléchissement, voire de lâcheté. Mais il commence par souligner que les trois synoptiques disent *cette* coupe[3]. Et de conclure que Jésus n'a pas refusé le martyre en général, sans quoi il aurait prié Dieu d'écarter de lui « la » coupe. Il faut imaginer un Christ passant en revue les diverses coupes possibles et ce qui s'ensuivrait, puis demandant une coupe « probablement » plus rude. Jésus aurait demandé pis que la Crucifixion. Au XVIIe siècle, John Donne ressuscitera très spontanément ce trope.

On retrouve la question du suicide sur un ton moins exégétique que polémique en XIX, XVII, 104 à propos du « Va-t-il se tuer *(apoktenei heauton)* pour qu'il dise : Là où moi je vais, vous ne pouvez pas venir ? » Les Juifs, précisait l'évangéliste, avaient cru qu'il allait « se détruire » *(auton heauton anairèsein)* – comme un « homme

1. *In Matt. ser.*, 140 ; *GCS,* XI, p. 290-291 ; *In Io,* XIX, XVI, 103.
2. Dont on retrouve les linéaments chez John Donne, au XVIIe siècle, sans qu'on puisse parler d'influence, Donne citant peu Origène dans son *Biathanatos.*
3. Mt 26, 39 ; Mc 14, 36 ; Lc 22, 42.

qui va s'enlever la vie »[1], ajoute Origène pour mieux dénoncer le scandale :

> ... qui va s'enlever la vie à l'aide d'un lacet, d'une épée ou par n'importe quel autre moyen auquel recourent ceux qui quittent délibérément la vie d'ici-bas – et cela d'autant plus qu'ils pensent qu'après s'être tué il ira en un lieu où il leur est impossible de parvenir.

Rares insanités ! s'exclame Origène auquel Augustin, dans son commentaire de ce passage, donnera raison. « Quelle vraisemblance qu'il se tue lui-même après les paroles prononcées avec tant de noblesse ? » Ce ne sont là que stupidités sans nom, de qui juge « selon la chair », c'est-à-dire bassement – en langage théologique, sans la « perspective théologique » –, tandis que le Christ assure « ne juger personne ». Pour Origène, la question est « outrageante », car pour le Christ, on l'a vu, « sa faculté de mourir volontairement *(exousia tou autexousiôs)* se manifeste très clairement » dans le *ego upagô.*

> Comment pouvaient-ils comprendre au sens le plus simple qu'il allait se détruire, eux qui l'avaient entendu dire : « C'est moi la lumière du monde ; qui me suit ne marchera pas dans les ténèbres, mais aura la lumière de la vie. »

Ce qu'il refusa aux Juifs, Origène, on l'a vu, l'accordait aux siens, pour des raisons strictement théologiques. Désormais, et ce pour la première fois dans l'histoire de l'humanité, il est possible de « se tuer » selon l'esprit, et non selon la chair. Qu'on retrouve cet argument jusqu'au XIXe siècle atteste la force et la permanence de ce trope anatomothéologique.

L'admiration maintes fois avouée pour Platon, qu'Origène partageait au demeurant avec Celse,

1. Jn 7, 35. Littéralement « se conduire hors de la vie » *(heauton exagagontos tou biou),* suivant une expression qu'on retrouve chez Anthistène, mais aussi chez Polybe, Plutarque et Diogène Laërce.

explique sans doute cette problématique presque sans équivalent chez les Pères[1]. Origène va jusqu'à reprendre à son compte l'image platonicienne (*Phèdre,* § 25) de l'âme ailée. Et sa doctrine de l'immortalité de l'âme, de la chute de l'âme, de la dualité de l'âme et du corps, on l'a dit, rappelle étrangement celle du *Phédon.*

L'autorité et la fermeté de cette démonstration rendent d'autant plus étrange l'absence de postérité directe à ses thèses. Les condamnations d'Origène ont oublié ces passages[2], et il faut donc aller chercher ailleurs les raisons de la disparition de ce trope. Lorsqu'il rédige son *Contre Celse,* en 248, sur les instances de saint Ambroise, Origène peut encore parler du petit nombre de chrétiens « bien faciles à compter », qui « périssent de temps en temps » (*C. Cel.,* III, 8). Deux ans plus tard, ce serait la persécution de Dèce, dont Origène fut lui-même victime[3]. Au début du IVe siècle, en 303, commençaient les épurations de Dioclétien : il semble qu'il y ait un rapport direct entre l'effacement du thème suicidaire et la recrudescence des persécutions. Mais la proposition serait à nuancer : elle est vraie d'un point de vue théologique, non pas moral, car, si Origène est seul, au IIIe siècle à évoquer le suicide, le thème apparaît très souvent dans les écrits du IVe siècle[4].

Pour bien mesurer la portée de la théologie origénienne et son originalité, il faut noter aussi qu'il fut le

1. Cf. *Contra Celsum,* VII, 42, VII, 43-44.
2. Voir P. Nautin, *Origène. Sa vie et son œuvre,* Paris, Beauchesne, 1977, p. 114-144, à propos des « quinze articles ».
3. Sur son attitude face à la mort, « suprême témoignage », voir H. Crouzel, *Origène, op. cit.,* p. 57 sq.
4. Voir A. Bayet, *Le suicide et la morale,* p. 322 sq.

premier des Pères à évoquer le suicide de Judas[1] rapporté par saint Matthieu, sans en faire une aggravation de la faute qu'il a commise en « livrant » Jésus. Judas, dit-il, « était tiraillé par des jugements opposés et contradictoires » et n'avait pas mis « toute son âme » à être hostile à Jésus. Tenaillé par le remords, « il se retira et alla se pendre » : il s'est fait justice. Le commentaire du *Contra Celsum* (II, 11) demeure sur ce point d'une parfaite neutralité axiologique[2]. On songera volontiers à ce passage du *Biathanatos* (I, I, 5) où, plus origénien qu'Origène, John Donne explique, sans cependant évoquer Judas, que le suicide n'est pas un péché si grave, vu qu'un repentir est toujours possible : se réclamant de Clément d'Alexandrie[3], il explique en effet que se repentir, c'est ne point récidiver. Or, se suicider, ce n'est jamais pécher qu'une fois. Donc, le suicide est porteur de son propre repentir.

De fait, l'idée que Judas demeurera à jamais sans miséricorde parce qu'il a doublé sa trahison d'un attentat à la vie appartient en propre à Augustin. Sans trancher, Origène laisse, par endroits seulement, paraître l'idée que Judas sera damné non pas du fait de sa trahison, mais à cause de son suicide et, au bout du compte, refuse de se prononcer. Que le même évoque le suicide du Christ en un sens plus divin et soit le premier à commenter la pendaison de Judas invite naturellement à comparer les deux morts : chacun a sa place dans

1. Voir S. Laeuchli, Origen's interpretation of Judas Iscariot, *Church History,* 22, 1953, p. 259-268.
2. Même portrait de Judas dans le *Commentaire sur Matthieu,* sermon 117, à propos de Mt 27, 3, cité par saint Thomas, Sanctum Iesu Christi Evangelium Secundum Matthaeum, in *Catena Aurea in Quatuor Evangelia,* Rome, 1953, vol. I, p. 401-402.
3. *Stromates,* II, 13.

l'économie du salut, les deux morts sont volontaires, mais sont affectées d'un signe différent.

Tant que le chrétien pouvait vivre relativement libre, l'accent sur la *volonté* jusque dans la mort était propre à inspirer une « vie heureuse », comme eût dit Sénèque ; dès lors qu'il était menacé, c'eût été voler au secours des vainqueurs du jour : refuser le suicide, ou la mort volontaire, c'était devenu une manière de s'opposer aux païens et aux impies, alors que cela avait été jadis une preuve de ce sublime mépris du monde et des richesses qu'on prêtait aux chrétiens – et qu'eux-mêmes revendiquaient. Ainsi faut-il comprendre la polémique de saint Augustin contre les donatistes. Un second facteur, plus théologique celui-ci, ne fit que redoubler l'effet du premier : l'affirmation de la théologie trinitaire et de sa traduction christologique dans la doctrine des deux natures et des deux volontés, dont Maxime le Confesseur donnera la formulation la plus rigoureuse.

UNE MORT TROP PROMPTE : TRIOMPHE DE L'ANATOMOTHÉOLOGIE

Innombrables ont été, depuis Tertullien et Origène, les commentaires sur la mort « trop prompte » du Christ en croix. On la retrouve depuis les premiers siècles[1] – Augustin la partage avec Athanase, saint Hilaire et Isidore – jusque dans les temps modernes[2] : succombant à la tentation du docétisme, d'aucuns ont conclu à la syn-

1. A. Bayet, *ibid.*, p. 339, rappelle à juste titre que cette doctrine du miracle de la « prompte mort » est « classique ».
2. Voir par exemple Calvin, *Commentaire sur saint Jean,* XXI, 33, et Th. de Bèze, *Sermon sur l'histoire de la passion et la sépulture de Notre-Seigneur Jésus-Christ,* 1598, sermon 32.

cope – ainsi de l'école « rationaliste allemande ». Dès lors que la mort n'est qu'apparente, on s'explique mieux la Résurrection. Proudhon lui-même a repris cette thèse avec un prosaïsme qui mérite bien la volée de bois vert que Marx lui a servie, pour d'autres raisons, dans sa *Misère de la philosophie.* Et à cette mort rapide, comme choisie, on opposait celle des larrons, conservant durablement leur dernier souffle aux côtés de Jésus, mais aussi celle des martyrs. Blandine, pour donner un exemple entre mille, « lassa » ses bourreaux tant sa résistance était grande. Le martyr va *volontiers* au-devant de la mort, mais sa mort ne lui appartient pas, et il est appelé à souffrir longtemps. L'*imitatio Dei* du martyr cesse quand commencent l'œuvre du bourreau et la résistance de la chair. Dans toute la littérature sur les martyrs, il ne semble pas y avoir de sursaut de la volonté du martyr, décidant de son propre chef d'abréger l'œuvre de la flagellation, des fers ou des bêtes féroces. On le comprend : Jésus prouve qu'il est Christ en se soustrayant *in extremis* à ses bourreaux, lui seul décidant de « déposer » sa vie, de faire vite, quand les martyrs prouvent leur sainteté en s'y soumettant le plus longtemps possible. La mort brève et angoissée est la preuve que Jésus est bien Christ, la mort longue et sereine est la preuve qu'un martyr est, plutôt qu'un suicidé, un digne chrétien : autrement dit, dans cette compétition des fins dernières, la mort du martyr se doit d'être d'autant plus longue que celle du Christ a été courte. « Il serait paradoxal que des chrétiens se sentissent une conscience de suicidants », rappelle L. Meynard, s'appliquant avec une grâce de tâcheron dans le genre pince-sans-rire[1].

Dans son sermon 32 sur Jean (12, 25), Calvin

1. L. Meynard, *Le suicide,* 1970, p. 60.

n'innove donc aucunement quand il voit, naturellement, dans la fin « avancée contre toute opinion des hommes » la preuve irréfutable que Jésus est mort volontairement. L'opinion a été reprise par nombre de théologiens, mais, comme le rappelle opportunément A. Bayet, on la retrouve « jusque dans des ouvrages de pieuse vulgarisation ». Ainsi sous la plume de Ligny, dans sa *Vie de Notre-Seigneur Jésus-Christ* :

Mourir en croix, c'était mourir épuisé de force et de sang. Le cri (poussé par Jésus avant sa mort) était donc surnaturel. [...] Une si grande force dans l'extrémité de la faiblesse montrait bien que Jésus mourait parce qu'il le voulait et au moment qu'il le voulait[1].

Maine de Biran abonde étrangement en ce sens, dans des réflexions confiées à son journal intime le Vendredi saint 5 avril 1822. Le propos est chantourné, entortillé, presque embarrassé devant l'énormité du « sentiment » :

Jésus-Christ sur la croix était en même temps le prêtre et l'hostie. Selon la chair, il est victime du sacrifice[2] ; selon l'esprit, il en est le prêtre et le sacrificateur. Il s'offre suivant l'esprit, en même temps qu'il est offert suivant la chair.

Et de Biran d'ajouter :

Ainsi fait l'homme vraiment spirituel, quand il immole ses passions et qu'il fait l'abnégation, le sacrifice de tout ce qu'il y a de sensible et de mortel en lui. L'homme moral, qui exerce sa liberté et se commande lui-même, sent bien qu'il est le prêtre et l'hostie ; car c'est bien lui qui sacrifie et immole, et ce qui est immolé et sacrifié, c'est encore lui [...][3].

1. A. Bayet, *op. cit.*, p. 241, note.

2. Ce passage est directement inspiré de saint Augustin, *Sur Jean*, 41, 5, et apparaît, par sa problématique et son vocabulaire, comme un commentaire de l'épître aux Hébreux.

3. Maine de Biran, *Journal intime*, éd. La Valette-Montbrun, Paris, Plon, 1931, p. 289. Cette problématique de l'hostie est plus compréhensible depuis Fr. Lestringant, *Une sainte horreur, ou le voyage en Eucharistie*, Paris, PUF, 1996.

De même le cardinal Newman, pourtant si apprécié de l'orthodoxie théologique, en agacera plus d'un en se situant dans la droite ligne origénienne. On le jugera excessif dans son évocation du déclenchement brutal de l'agonie[1]. Mais voilà l'objet du « délit ». Évoquant l'heure dernière, il écrit :

> Sa tranquillité n'est que la preuve de l'entière maîtrise qu'il avait sur son âme. Il tira, au moment opportun, les verrous et les chaînes. Il ouvrit les portes, et les flots envahirent son cœur dans toute leur plénitude. [...] Il se rend en un certain lieu ; puis, donnant un ordre, il enlève le soutien de la Divinité à son âme [...][2].

Curieusement psychologisée suivant une topique quasi freudienne, la théologie n'en est pas moins présente, et elle demeure celle d'Origène et de Tertullien. Comme chez ce dernier, le Christ demeure matériellement responsable de sa mort. Seul l'effacement de la polémique contre les païens a pu faire oublier ce que cette explication avait de naturel, voire de nécessaire, et donner à cette théologie des airs fantastiques. Le caractère *unheimlich* est encore renforcé par le contexte athée, ou tout au moins laïque, dans lequel on lit désormais cette prose : la distinction entre mort volontaire et suicide, si laborieusement élaborée par la théologie et qui ne s'était imposée péniblement qu'avec Maxime le Confesseur, perdait alors de son actualité avec le triomphe des thèses de Durkheim et sa typologie des suicides altruistes et égoïstes[3]. S'ajoutant au relatif effacement de la perspective eschatologique, l'insistance sur « l'homme Jésus » tend à effacer la singularité christique, qui ressortit désormais à une catégorie commune, presque galvaudée. Hors de la théologie, et de la

1. Voir X. Tilliette, *La Semaine sainte des philosophes*, p. 53 et 55.
2. J. H. Newman, *Le Christ*, trad. P. Leyris, Paris, Seuil, 1947, p. 133.
3. É. Durkheim, *Le suicide*, Paris, PUF, 1981, 2e partie.

morale qu'elle fonde, plus aucune distinction n'est, conceptuellement, tenable entre mort volontaire et suicide. Pour échapper au blasphème ou à l'hérésie montaniste ou donatiste, il faut une fois de plus invoquer le miracle ou l'économie, mais en courant le risque d'être moins crédible qu'Augustin en son temps.

SAINT AUGUSTIN OU LE SUICIDE MIRACULEUX

On s'accorde généralement à voir en saint Augustin le continuateur de saint Clément (*Stromates*, et sa dénonciaton des « athlètes de la mort ») et le point de rupture en matière de morale du suicide : « Il est un temps pour les martyrs, un autre où leur acte n'est plus de saison, où leur dévouement change de nom : c'est toute la différence entre l'époque de Tertullien et celle de saint Augustin déjà. »[1] Pour l'auteur du *Contra Gaudentium* (2, 12, 13), tançant cet évêque tenté de se suicider plutôt que de se laisser dépouiller de son église, le suicide est une « superstition », parce que c'est un faux acte de religion. En l'occurrence, Augustin appuie son raisonnement sur le *« non occides »* (Ex 20, 13), mais sa démonstration, assez entortillée, « rapproche ce précepte de deux autres : qu'il ne faut pas porter de témoignage contre le prochain ; qu'il faut aimer le prochain comme soi-même ». Ainsi fait-il « refluer la relation à soi-même sur l'interdiction de se tuer », en oubliant que la Bible, à ce propos, « marque expressément le "soi-même" dans un autre »[2]. S'agissant de la mort du Christ, en revanche,

1. P. Baudet, *loc. cit.*, p. 134.
2. *Ibid.*, p. 127.

où pareil « reflux » n'est plus possible, la rupture est loin d'être aussi marquée : comme Tertullien (*Apologétique*, XXI, 19) et Origène, Augustin, dans le *De trinitate* (IV, 16), souligne en effet que le Christ a déposé son esprit volontairement : « Si je ne l'avais pas voulu, affirme le Christ par la bouche d'Augustin, je ne serais pas mort. »[1] Ailleurs, il ajoute, en parfait accord avec Origène, qu'on conçoit mal un Christ qui meurt de la faute d'hommes qu'un seul mot de lui a suffi à faire tomber à la renverse[2]. Les Juifs se trompent en croyant l'avoir emporté sur lui : *ipse posuit animam suam*, il a déposé son âme de lui-même (*Sur Jean*, XLVII, 7).

C'est moi qui la dépose de peur que les Juifs ne se glorifient : ils ont pu déchaîner leurs sévices, ils n'ont pas pu exercer de pouvoir ; qu'ils déchaînent leurs sévices autant qu'ils le peuvent, si, moi, je ne voulais pas déposer mon âme, que feraient-ils avec leurs sévices ? [...] Que les Juifs ne se glorifient pas comme s'ils l'avaient emporté ; c'est lui-même qui a déposé son âme.

L'esprit de Jésus n'a pas quitté son corps contre sa volonté : il a voulu ce qui s'est passé. C'est là un tour omniprésent dans la réflexion d'Augustin sur les Évangiles : quand il évoque le récit de la résurrection de Lazare dans l'Évangile de Jean[3], par exemple, et notamment la scène où Jésus voit Marie tomber à ses pieds, Augustin lit dans sa Bible latine : *turbavit semetipsum*, « il se troubla lui-même ». Observant que le verbe pronominal français, se troubler, n'a qu'un sens passif, on se borne en général à constater que l'anthropologie antique n'est pas la nôtre. En vérité, la suite du texte le précise sans la

1. *En. in ps.*, 88, sermon, 2, 7. La même idée est exprimée à de nombreuses reprises : cf. *Œuvres de saint Augustin*, 73 B, Paris, Études augustiniennes, p. 138, n. 85.
2. *Ibid.*, p. 139 et n. 86.
3. *Ibid.*, *Tractatus*, XLIX, 18.

moindre ambiguïté, Augustin veut dire que le Christ a volontairement provoqué le trouble qu'il a subi : il a été actif jusque dans la passivité.

> Toi, explique-t-il à son interlocuteur, tu es troublé quand tu ne le veux pas, le Christ est troublé parce qu'il l'a voulu. Jésus a eu faim, c'est vrai, mais parce qu'il l'a voulu ; Jésus a dormi, c'est vrai, mais parce qu'il l'a voulu ; Jésus est mort, c'est vrai, mais parce qu'il l'a voulu : il dépendait de sa puissance d'être affecté ainsi ou de ne pas l'être[1].

Loin d'être pure rhétorique, le *sed quia voluit* est fait pour souligner que la grandeur d'âme du Christ ne le cède en rien à l'idée du sage stoïcien ou néoplatonicien : il n'est point de contingence qui tienne face à cette volonté. Tout ce qu'elle a voulu, elle l'a voulu absolument. On ne saurait donc lui opposer l'impassibilité d'un Socrate ou d'un Caton, sachant, comme prétendait Nietzsche après les moralistes français, qu'il « est indigne des grandes âmes de répandre autour d'elles le trouble qu'elles ressentent ». Pour Augustin, le choix actif de la passivité que fait le Christ est preuve de sa supériorité : Dieu tout-puissant, il choisit à chaque fois d'être pleinement homme pour ouvrir la voie au commun des mortels.

De même, dans le commentaire du Ps. 3, 6, Augustin avait insisté sur la portée de l'*ego* qui commence le verset : ce « moi je » est aussi une manière d'indiquer qu'il n'a subi la mort que de son plein gré. S'il a voulu sa mort, il en a donc voulu l'heure et ses formes. Que Jésus ait connu d'avance l'heure de sa mort (*Sur Jean,* VII, 30 ; VIII, 20) en est une confirmation. De même, Augustin, à la suite d'Origène, oppose la mort de Jésus à celle des deux larrons : ceux-ci l'ont subie, quand le

1. *Ibid.,* p. 238 et 467-469.

Christ a de son plein gré abandonné la chair (*Sur Jean,* XXXVII, 9). Bref, Jésus est mort *potestate* : sa mort est plus merveilleuse encore qu'un miracle (*De Trinitate,* IV, 13). Dans le livre XIII, chapitre 14, il précise que, n'eût-il pas voulu souffrir les souffrances de la Passion, il l'aurait pu, « parce qu'aussi il était Dieu ». Mais, naturellement, il s'agit d'un « sublime et divin sacrifice » (*Enchiridion,* 41, 13). Une fois de plus, la volonté humaine n'est assumée que le temps de mettre en relief la puissance divine. Reste que, même homme humilié, le Christ conserve une volonté que ne partage pas le *vulgum pecus.*

Dans la logique augustinienne, Athanase dira que, si le chrétien ne peut aller au-devant de la mort, il ne saurait s'y dérober inconditionnellement : et d'invoquer Jésus lui-même qui rechigna par deux fois mais qui, « l'heure venue », s'est « offert » (*De fuga sua,* 17 et 22). Saint Ambroise, dans son *De excessu fratris sui Satyri* (II, 44-46), affirme qu'il ne faut pas fuir la mort, quand le Christ lui-même est mort parce qu'il l'a voulu : « Le Fils de Dieu ne l'a pas dédaignée. » Le *De officiis* en donne la raison : une mort louable est à « saisir aussitôt » (II, 30). Et quelle mort serait plus louable que celle du Christ ?

La valeur du propos augustinien est double : morale et théologique. Morale, parce qu'elle autorise une casuistique : on peut se donner la mort sur un signe de Dieu – ainsi de Samson, qui n'a fait qu'exécuter un ordre (*Cité de Dieu,* I, 26). Auquel cas, le suicide cesse d'être un suicide. Théologique, parce que force est de conclure que, si implacable que soit la morale comminatoire de l'évêque d'Hippone, le « suicide divin », comme dit A. Bayet, est légitime. Les casuistes, invoquant le « bon pasteur » qui donne sa vie pour ses brebis, parleront plus tard de « suicide indirect »[1], de suicide pour la bonne cause. Sans doute est-ce l'un des facteurs les plus flagrants de l'esquive théologique de la question du suicide du Christ : au même titre que la mort de Samson, également qualifiée de miracle (*De Civ. Dei*, XXI), la mort du Christ est un miracle au service du prochain, la mort volontaire perdant de ce fait le caractère irréductible, la spécificité qu'elle avait chez un Caton. De théologique, la problématique paraît s'être dégradée en simples considérations moralisantes. Vingt ans avant la *Cité de Dieu* (413), Augustin avait pourtant esquissé dans son *De libero arbitrio* une somptueuse métaphysique du suicide, qui reste à ce jour la seule qui se puisse comparer à celle d'un Sénèque[2]. Dieu est devenu non plus un modèle, mais une exception : *imitatio Dei* dans la vie, certes, mais dans la mort l'*exceptio Christi* prend le relais. La mort s'est résorbée dans son intention, qu'il appartient à une Église d'interpréter : la « grâce » – véritable *Dea ex machina* – pouvait seule expliquer « qu'un suicide accompli déjà se transfigurât en martyre » et aveugler Augustin sur « l'étrange inégalité de valeur morale qu'il conçoit entre un suicide passé et un suicide à venir »[3]. Pour Augustin, c'est là sa grande innovation, le martyre, ou la mort volontaire du chrétien, est un acte d'Église. A elle seule appartient le droit d'en dire et d'en prescrire les circonstances légitimes : les « saints athlètes », que Tertullien considérait avec l'âme d'une mère qui borde son rejeton

1. La casuistique obligerait, en toute rigueur, à distinguer le « suicide indirect passif », seul admissible, du « suicide indirect actif » caractéristique des « athlètes de la mort » qu'Augustin compare aux pourceaux que le diable a précipités dans la mer. Voir P. Baudet, *loc. cit.*, p. 129 ; « ce qui distingue l'actif du passif ne gît que dans l'intention, c'est un fait du monde moral », *ibid.*, p. 134.
2. Cf. chap. VII, *infra*.
3. P. Baudet, *loc. cit.*, p. 151.

pour reprendre l'image d'Anne Cauquelin, doivent désormais faire montre d'obéissance comme quelque vulgaire disciple d'Épictète.

L'enjeu est plus que de circonstance, il est théologique. Car bientôt, sous couvert de moraliser le suicide, Dieu sera en quelque sorte doublement dépossédé : de sa mort, et de sa volonté. Paradoxalement, quand on sait avec quelle vigueur, dans son *Contra Faustum,* Augustin a combattu les interprétations qui avaient tendance à tirer la mort du Christ vers la fiction[1], une tentation docétiste est à l'œuvre dans tout refus de considérer que le Christ ait pu regarder sa mort en face comme un Caton ou un Socrate. Dès lors, il semble que la « christologie laïque » – une « jésulogie » –, qu'un L. Pareyson appelait de ses vœux, soit un détour nécessaire pour rendre à la Croix sa dimension proprement théologique. La phénoménologie pourrait nous y aider. Mais c'est une autre histoire[2].

Spontanée chez Tertullien, inchoative chez Origène, la théologie du suicide a pris chez Augustin un tour plus classique : renversant la position de Pline, Augustin réserve la mort volontaire à Dieu. Chez l'homme, elle n'est qu'illusion. Pis qu'un crime, elle est un péché, une faute. Si « la plus volontaire mort, c'est la plus belle », comme dira Montaigne, elle ne saurait être chez l'homme qu'une usurpation. Au prix d'un « assainissement de l'origénisme »[3], Maxime le Confesseur tirera la

1. Voir J.-M. Girard, *La mort chez saint Augustin,* Fribourg, Éd. Universitaires, 1992, p. 59 sq.

2. Perspective jusqu'ici demeurée inexplorée, malgré E. Stein et, plus récemment, M. Henry, *C'est moi la vérité. Pour une philosophie du christianisme,* Paris, Seuil, 1996, et Archi-christologie, *Communio,* XII, 2-3, 1997, p. 195-212. Cette philosophie de la « Vie » ne semble faire aucune place à la phénoménologie de la mort.

3. Endre von Ivanka, *Plato christianus. La réception critique du platonisme chez les Pères de l'Église,* trad. franç., Paris, PUF, 1990, p. 277.

conclusion logique de cette remise en ordre en imposant la doctrine des deux volontés qui, plus encore que Paul, fondera la théologie moderne du sacrifice, la théologie se faisant en l'occurrence servante de la morale.

COMMENT DIEU LE PÈRE A SAUVÉ SON FILS D'UN SUICIDE ?

La tradition platonicienne, de Platon à Hiéroclès d'Alexandrie, n'autorise le suicide qu'à une élite, et encore, le plus souvent, uniquement sur un signe de Dieu : c'est à Dieu lui-même de venir nous « délier »[1]. Mais qu'en est-il lorsque l'homme qui va délier l'âme de sa chair est aussi Dieu ? S'il se fait signe à lui-même, comment éviter l'idée d'un suicide divin, quand il convient, dans le même mouvement, de préserver l'omnipotence de la volonté de l'homme et du Dieu ? Telle est l'aporie de la théologie chrétienne de la passion, ainsi condamnée à demeurer amphibie.

Pour Hans Blumenberg, « l'implication théologique de la dogmatique » ne souffre pas la moindre ambiguïté : « La liberté de la mort sur la croix – liberté d'une non-liberté – fait de cette mort un acte de Salut. »[2] C'est pour penser cette antinomie qui fait d'une mort volontaire une pleine affirmation de la volonté, mais autre chose qu'un suicide, que la théologie trinitaire reprendra la théologie de l'agonie à la lumière du dogme des deux natures.

Nulle part la volonté humaine du Christ n'est davantage affirmée comme une nécessité pour la « divinisa-

1. Hiéroclès, *In aurea Carmina,* 462 *b,* 10-15.
2. H. Blumenberg, *La Passion selon saint Matthieu,* p. 357.

tion » de l'homme que chez Maxime le Confesseur (580-662), dont le grand dessein, dans la querelle du monothélisme (volonté unique), fut d'affirmer la présence d'une volonté humaine chez le Christ, en plus de la volonté divine qu'il partage avec le Père et l'Esprit-Saint[1]. Dans l'esprit du père grec, il s'agissait simplement de se mettre en accord avec l'orthodoxie chalcédonienne[2], qui avait consacré les deux natures. Comme le dit très bien Fr.-M. Léthel, le « problème des deux volontés est plus exactement celui de la deuxième volonté du Christ, volonté humaine »[3]. L'enjeu était de préserver l'union au plan ontologique – celle des deux natures – et l'union dans l'ordre moral, celui de la liberté. La condamnation des monophysites appelait naturellement celles des monothélites.

Maxime refuse donc et le monothélisme et le monoénergisme[4] : pour lui le Christ a forcément deux « opérations » *(energeia)* – deux activités, divine et humaine – en accord avec ses deux natures, également divine et humaine. Ce dyothélisme (deux volontés) semblait impie aux tenants du monothélisme parce qu'il ménageait la possibilité d'une « contrariété » entre les deux volontés – possibilité qu'ils réprouvaient moralement. Or, comme

1. La meilleure présentation de la doctrine de Maxime reste H. U. von Balthasar, Paris, Aubier, 1947, même si la doctrine des deux volontés à l'agonie paraît lui avoir curieusement échappé. Voir aussi J.-Cl. Larchet, *La divinisation de l'homme selon Maxime le Confesseur,* Paris, Cerf, 1996.
2. En 451, le concile de Chalcédoine avait décidé que le Christ possédait deux natures en une seule hypostase.
3. Introduction à Maxime le Confesseur, *L'agonie du Christ,* Paris, Migne, 1996, p. 11. Voir aussi sa *Théologie de l'agonie du Christ,* Paris, Beauchesne, 1979, et l'utile mise au point de M. Doucet, La volonté humaine du Christ, spécialement en son agonie. Maxime le Confesseur interprète de l'Écriture, *Science et esprit,* 37, 1985, p. 123-159.
4. Une seule opération, l'opération étant l'activité d'un être, par opposition à son essence.

l'observe très justement Léthel, le point de vue moral commande, en l'occurrence, la solution du problème au plan ontologique.

La réticence des monothélites venait de ce que, si l'on supposait deux volontés, on rendait possible une contrariété entre le Père et le Fils. Loin d'être simple « rébellion de la chair » humaine, n'impliquant aucunement sa volonté divine, l'angoisse manifestée par le Christ au Jardin des Oliviers risquerait d'apparaître comme l'opposition d'une volonté à une autre.

Maxime aura beau jeu de répondre, par le truchement de son plus subtil exégète moderne, en redoublant l'opposition *logos/tropos*, par celle d'altérité et de contrariété :

> La contrariété de la volonté humaine par rapport à la volonté divine ne tient pas à son *logos*, c'est-à-dire à sa réalité essentielle, mais seulement à un certain *tropos*, c'est-à-dire à un certain mode personnel, une tournure de cette volonté humaine chez le pécheur. Mais le fait que cette volonté humaine soit autre que la volonté divine, cela tient à sa réalité essentielle, à son *logos*[1].

Autrement dit, le Christ étant saint, par sa conception comme par sa vocation, il ne saurait être pécheur ; donc l'altérité exclut *a priori* la contrariété.

Les termes de la controverse étant posés, il n'est pas sans intérêt d'observer que toute la polémique est centrée autour des paroles du Christ à Gethsémani, plus précisément autour de Matthieu (26, 36-44), Marc (14, 32-42) et Luc (22, 39-46), c'est-à-dire des Synoptiques, et non plus de saint Jean. Dans un premier temps, Jésus se révolte : « S'il est possible, que cette coupe s'éloigne de moi ! » Dans un second temps, il se rend à résipiscence : « Que ce ne soit pas ma volonté qui se fasse, mais la

1. *Ibid.*, p. 18.

tienne » (Lc 22, 42) ; « non pas ce que je veux, mais que ta volonté soit faite » (Mc 14, 36). Pour Maxime, ce « retournement » exprime une volonté humaine accordée à sa volonté divine : c'est un « acte libre », une décision rationnelle : le nier c'est « trahir le Christ », « supprimer sa sainte chair ». Maxime a bien vu, Donne l'approuvera, que la seule lecture grammaticalement et théologiquement possible de cette prière réside dans un accord entre la volonté humaine et la volonté divine du Christ : un consentement mutuel, seule voie de la déification. Tout d'un coup, observera Péguy, « très spécialement », Jésus parle « presque professionnellement, comme fils de Dieu »[1].

Le Christ, selon Maxime, a donc deux volontés naturelles (faculté de vouloir), mais une seule volonté délibérative, une seule volonté en acte. Bref, plus qu'une simple faculté de vouloir, purement « principielle », la volonté du Christ, homme de même nature *(ousia)* que les simples mortels, est délibérative et débouche sur une décision. Son acceptation de la coupe qu'il a précédemment refusée est donc le fruit d'un choix mûrement réfléchi : celui qui lui fait consentir à la mort.

Dans l'*Opuscule VII* (30), Maxime conclut en effet que le Christ « s'est élancé » vers la mort « en consentant parfaitement à la volonté du Père ». En 31, il ajoute : « l'humain, à cause de la chair, supplie d'écarter la passion ; mais le divin la désire ardemment » (problématique que l'on a vue également présente chez Érasme). En 36-37, il s'explique : « Il apparaît comme Dieu, tout en étant homme par essence, en voulant remplir l'économie du salut de façon conforme à l'ordre du Père, et mettre en œuvre notre salut à tous » (notre

1. Péguy, *Gethsémani,* Paris, Desclée de Brouwer, 1995, p. 73.

salut, résume Léthel, a été « voulu humainement par une Personne divine »). « Il montre aussi qu'il est homme, tout en étant Dieu par nature, en opérant humainement, et en acceptant volontairement pour nous de faire l'expérience des souffrances de sa Passion. » Dans l'*Opuscule XVI*, consacré aux « deux volontés du Christ unique », il glose que le Christ à l'agonie associe l'angoisse à « un mouvement fort et généreux vers la mort » (33).

Sauf à faire du Christ un simple « substitut et factotum » du Père, suivant le mot un brin cavalier mais heureux de M. Simon[1], il n'y a pas d'autre solution envisageable. Maxime hésite cependant à en tirer les conclusions et semble faire de l'économie du salut le fruit de deux volontés concordantes, mais successives : une première volonté, celle du Christ, qui veut notre salut, une deuxième volonté, celle du Père, à laquelle le Christ se soumet jusque sur la croix (Ph 2, 8). Pour dire les choses autrement, la volonté qui a voulu l'incarnation n'est pas la même que celle qui a voulu notre salut : l'une est du Père, l'autre du Fils.

En bon théologien d'Église, Maxime esquive le problème de l'hiatus possible en déifiant *a priori* la volonté humaine du Christ[2]. Sa morale commande, chez lui aussi, son ontologie. S'il était allé jusqu'au bout de la logique « phénoménologique » de son raisonnement, il aurait dû conclure que le Christ a pleinement voulu ce que le Père a voulu. Le Père voulait sa mort, il l'a « humainement » voulue lui aussi : autrement dit, il a voulu une mort avec « des globules blancs et des globules rouges », dira Péguy. Une mort selon la chair autant que selon l'esprit. Mais sa

1. M. Simon, *Verus Israël*, Paris, 1983, p. 233.
2. Larchet, *op. cit.*, p. 359-361, insiste avec force sur ce point.

mort n'est pas celle du Père, elle est telle que le père l'a voulue : intentionnelle et volontaire, humainement réfléchie. Mais en sauvant l'homme dans le Christ contre les tenants du monothélisme, la doctrine des deux volontés introduit une touche de schizophrénie aussitôt résorbée dans l' « économie du salut », processus proleptique où la résurrection est indissociable de la mort, comme deux visages d'un même acte[1]. Ce qui revient une fois de plus à priver le Christ de sa volonté dans la mort, puisque la liberté humaine ainsi mise en évidence n'est que celle du consentement : « Tout Fils qu'il était, il apprit par ses souffrances l'obéissance »[2] (He 5, 8). Et l'auteur anonyme de la lettre aux Hébreux précise bien que les supplications du Christ furent exaucées « en raison de sa soumission ». « C'est pourquoi, conclut H. Blumenberg, la question de la Passion était déjà résolue sur le mont des Oliviers : [...] une confrontation effrayée avec l'obéissance perçue comme une exigence démesurée, qui ne peut pas devenir volonté propre, mais seulement soumission. Ce n'est pas seulement que l' "autonomie" demeure inconnue, elle reste exclue sans son concept, parce que réserve devant toute obéissance. »[3] Bref, dans cette concorde des deux volontés sur le Golgotha, les deux volontés n'ont pas la même valeur ontologique : celle du Père est nécessaire et suffisante, quand celle du Fils est juste nécessaire, mais pas suffisante[4].

Donc, mort par consentement mutuel, mort voulue

1. C'est ainsi qu'il faut comprendre Paul (Col 2, 13-14) quand il fait de la Croix l'Acte rédempteur, la Résurrection n'étant que le signe de cette victoire.
2. L'insistance sur l'obéissance a toujours permis d'atténuer les conséquences extrêmes de la doctrine des deux volontés : cf., par ex., Pierre Lombard, *Libri Sententiarum,* IV (1198), *PL,* fol. 797.
3. H. Blumenberg, *op. cit.,* p. 69.
4. Sur ce « dialogue des volontés », voir J. Dupuis, *Homme de Dieu, dieu des hommes,* Paris, Cerf, 1995, p. 152 et 168 sq.

d'un commun accord. Seule l'implication – théologico-morale – de la volonté de Dieu, où celle de l'homme eût suffi, interdit encore de conclure au suicide. Ajoutée à la double nature, la double volonté signifie que, dans la Passion, « jamais le Christ n'est mort selon sa divinité », comme dit Luther dans son *Sermonnaire*[1] (1522). Il n'est mort que dans son humanité. Autrement dit, le triomphe du dyothélisme marque le triomphe de la mort volontaire, mais sauve le Christ d'un suicide (les théologiens diraient : consacre la doctrine du sacrifice et assure notre salut). C'est sur cette voie étroite que s'élaborera la théologie ultérieure de Gethsémani et du don de Dieu « qui va jusqu'au sacrifice de sa vie ». En principe, Maxime aura donc consacré le triomphe de la « théologie de l'agonie » sur la « théologie du suicide ».

Cependant, les garde-fous sont fragiles : qu'on « divinise » non plus *a priori*, mais *a posteriori* la volonté humaine du Christ, qu'on « humanise » la volonté divine, et l'on réintroduit la subjectivité du Christ et la possibilité d'un désir de mort. C'est le sentier que suivra John Donne et, avec lui, ceux que révulsent l'idée du dieu « déicide » qu'impliquerait une théologie du sacrifice. De même, une « théologie de la confirmation », fondée sur la dissociation, au moins transitoire, de Jésus et du Christ, suivant le modèle proposé par un David Friedrich Strauss[2], a pour effet de donner une primauté à la volonté humaine.

En court-circuitant l'économie du salut, l'*épokhè*[3] ouvre

1. A propos de Mt 2, 1-12. En l'occurrence, Luther reste fidèle à l'orthodoxie.

2. D. F. Strauss, *Der Christus des Glaubens und der Jesus der Geschichte*, 1865.

3. D'autant plus nécessaire que la « christologie » ne saurait avoir d'autre fondement que la Résurrection : cf. W. Pannenberg, *Esquisse d'une christologie*, Paris, Cerf, 1971, p. 244 ; en attendant, il faudrait parler de « jésuologie » : voir J. Dupuis, *op. cit.*, p. 44.

alors la possibilité du suicide en ménageant l'éventualité d'un Christ athée : si Dieu meurt en Jésus, si le consentement n'est plus celui du Père au Fils, mais celui du Père à l'humanité, à la condition humaine, alors c'est de nouveau la volonté du Fils qui prime. Le Christ athée n'est qu'un homme qui se donne la mort au même titre que Sénèque, Socrate ou Antigone. Il redevient Jésus. Mais, s'il n'est plus Dieu, Jésus n'est que le malheureux promis à la mort par les « méchants ». Parler de suicide de Jésus serait risible, si ce n'était salir les intentions du célibataire énamouré de la femme adultère. D'où la double piste qu'il faudra suivre désormais pour suivre le thème du « suicide du Christ » : d'un côté, la théologie « officielle » (avec saint Thomas), fort embarrassée de la psychologie de Jésus, et ses efforts pour ne pas faire du Christ une victime innocente, un simple jouet dans le drame qui se joue entre Dieu et l'humanité ; de l'autre, une théologie « sécularisée » qui, éliminant le Père, retrouve le « cadavre » où l'on avait accoutumé de voir un sacrifice. Mais c'est alors qu'intervinrent les prophètes – à rebours – de la mort de Dieu.

Dieu n'aura jamais été aussi facile à tuer que du jour où l'humanité s'est identifiée au dernier cri de Jésus : « Pourquoi m'as-tu abandonné ? » Alors que le monde athée, sans Père, aurait dû remettre en relief le mouvement de Jésus vers la mort, il niera une fois de plus son « suicide » en cherchant des coupables. Le sacrifice ou le bouc émissaire demeurent aussi prégnants : une sociologie sacrificielle se substituera simplement à la théologie sacrificielle.

Chapitre VI

De saint Thomas à John Donne : économie scolastique et théologie baroque

Le suicide restera acquis aux hommes, mais il faut que cela devienne un événement inquiétant et rare, un suicide unique, comme autrefois une guerre[1].

E. Canetti.

Dans une version tardive et moralisée de la fable de *Pirame et Tisbé,* une histoire d'amours malheureuses reprise d'Ovide, Philippe de Vitry (fin XIIIe-XIVe siècle), si cher au cœur de Pétrarque, voit dans le suicide de Pyrame la mort de Dieu, venu sur terre mourir pour l'amour des hommes (don) ; quant au suicide de Thysbé, c'est le supplice du martyre au nom de l'amour de Dieu (sacrifice) : dans un cas comme dans l'autre, il est vrai, le désir de mort, la volonté suicidaire, a l'amour pour unique mobile, au risque de dissoudre l'acte lui-même dans toute sa puissance. Mais cette union des deux formes de mort, évoquant l'association très ancienne de Jésus et de Judas[2], atteste au moins la permanence du trope[3].

1. E. Canetti, *Le collier de mouches*, Paris, Albin Michel, 1995, p. 22.
2. Voir Fr. Tristan, *Les premières images chrétiennes,* Paris, Fayard, 1996, p. 567-568, voir aussi M.-Ch. Sepiere, *L'image d'un Dieu souffrant. Aux origines du crucifix,* Paris, Cerf, 1994, p. 87-88.
3. Voir M.-N. Lefay-Toury, *La tentation du suicide dans le roman français du XIIe siècle,* 1979, introduction.

Ainsi, alors que l'insistance sur la « mort volontaire » du Christ était devenue un lieu commun de la christologie, l'institutionnalisation du dogme et l'affirmation de la théologie trinitaire avaient permis d'éviter le double écueil du docétisme ou du fantasme d'un dieu déicide par un délicat échafaudage mêlant volonté et obéissance. Si la culture populaire garda une interprétation assez laxiste de la mort du Christ, autorisant encore le trope suicidaire, on aurait attendu de Thomas d'Aquin qu'il reprît la question où Maxime l'avait laissée. Or, loin d'élaborer cette théologie, c'est avec la question telle que la posait Augustin que le Docteur angélique renoua[1], même si l'on dirait, remarque justement A. Bayet, qu'il cite Augustin le moins possible[2]. « Entre saint Augustin et saint Thomas, observe pertinemment P.-L. Landsberg, aucun argument essentiel n'est ajouté au plaidoyer du Père de l'Église. »[3] Si juste soit-il, le propos mérite d'être doublement nuancé : parce que Thomas recourra plus volontiers qu'Augustin à la métaphysique des Grecs, et que disparaîtra de son propos, au profit de la morale, toute trace de théologie du suicide. Alors que chez l'évêque d'Hippone la morale en matière de suicide était en effet demeurée distincte de sa théologie de la mort du Christ, Thomas, mariant patristique et aristotélisme, s'efforcera d'unifier les positions antérieures par une théologie moralisée. Abordant le trope dans les termes mêmes qui avaient été ceux d'Origène, dont il fait des citations quasi textuelles, il

1. On s'étonnera donc de voir J.-Cl. Schmitt (« Le suicide au Moyen Age », 1976, p. 3 et 20, n. 4) invoquer saint Thomas comme s'il était l' « inventeur » de cette question.
2. A. Bayet, *Le suicide et la morale,* p. 427.
3. P.-L. Landsberg, « Le problème moral du suicide », p. 132.

tranche la question en termes de droits de propriété. Ce sera la dernière grande discussion sur ce terrain avant la théologie baroque de John Donne.

SAINT THOMAS
OU LA THÉOLOGIE APPRIVOISÉE

N'en déplaise aux contempteurs heideggerianisants de la *causa sui,* c'est donc dans les termes traditionnels de la métaphysique aristotélicienne que Thomas envisage les causes de la mort du Christ (III, 47, 1). Plus précisément, s'interrogeant sur « la cause efficiente de la passion », il se demande alors si « le Christ a été mis à mort par autrui ou par lui-même » *(Utrum Christus fuerit ab alio occisus, an a seipso).* Pour bien comprendre la problématique de l'Aquinate, il faut d'emblée rappeler que, suivant son acception courante héritée de la métaphysique d'Aristote, la cause efficiente *(archè tès kinèseôs)* est le phénomène qui en produit un autre, voire l'être qui produit une action : la cause efficiente du « couteau sans lame auquel il manque le manche » est Lichtenberg, la cause efficiente de la plaie du suicidé est le couteau à la lame tranchante, dont la cause efficiente est le coutelier insoluble dans les paradoxes du mathématicien de Göttingen. La cause efficiente est aussi, en l'occurrence, la cause matérielle, l'effet étant contenu dans la volonté de la cause : elle est cause efficace. La cause matérielle de l'homme qui persévère dans son être est la volonté de Lichtenberg qui a forgé son aphorisme, plutôt que le couteau qui l'aurait occis. La cause matérielle du cadavre du suicidé est la volonté qui glisse la lame du coutelier, plutôt que celle de Lichtenberg, entre ses côtes. Mais Thomas ne parle nullement ici de cause finale, c'est-à-dire de la fin en vue de laquelle s'accomplit l'acte : si la volonté d'enfoncer la lame entre les côtes ne fait point de doute, la fin de cette pénétration intercostale échappait à cette volonté. Autrement dit, en termes moins anatomiques, le Docteur angélique dissocie, au moins implicitement, deux choses qui étaient demeurées confondues chez les Pères s'autorisant du témoignage irréfragable des Évangiles.

En bon scolastique, saint Thomas commence naturellement par évoquer les objections avancées par ceux qui récusent l'hypothèse d'un « meurtre » de Jésus. A l'intention de ceux qui croient que Jésus aurait pu être tué par un autre que lui, il s'oblige à rappeler certains faits, au nombre de trois, qui autorisent des conclusions inverses. Comme Origène, il invoque d'abord Jean 10, 18 : *Nemo tollit animam meam a me, sed ego pono eam. Non est ergo Christus ab aliis occisus, sed a seipso.* « Personne ne m'enlève mon âme, c'est moi qui la dépose. Donc, le Christ n'a pas été tué par d'autres, mais par lui-même. » Jean a dit, Thomas répète. C'est pas moi, c'est lui.

Plus surprenante est la deuxième raison, qui est en fait une résurgence de l'anatomothéologie patristique : le Christ en croix n'a pas longtemps souffert (Mt 27, 50). Pour appuyer son dire, Thomas cite les autorités et renvoie ainsi à saint Augustin (*De Trinitate*, 13), mais se garde d'oublier Marc 15, 39 et Jean 19, 32 : le Christ n'a donc pas été mis à mort par d'autres mais par lui-même. Comme chez Tertullien, il est cause efficiente, donc cause matérielle de sa mort. *Non est ergo...* La dialectique est exactement la même dans son commentaire de l'Évangile de Jean[1] : le Christ fut « autant » la cause

1. Thomas d'Aquin, Sanctum Iesu Christi Evangelium Secundum Ioannem, in *Catena Aurea in Quatuor Evangelia*, Rome, 1953, vol. 2, p. 592.

de la mort qu'on peut l'être de l'humidité quand il pleut et qu'on laisse ouverte une fenêtre qu'on pourrait fermer !

Bref, et c'est la troisième raison invoquée par Thomas à partir de ces mêmes passages des Écritures, l'esprit du Christ a quitté sa chair parce que, quand et comme il l'a voulu *(quia voluit, quando voluit, et quomodo voluit). Non ergo Christus est...* Mais, puisqu'il ne faut pas juger seulement par la chair et qu'il convient de réprouver le suicide, fût-il christique – César oblige ! –, saint Thomas n'en reste pas là. Aux trois thèses foncièrement patristiques, il va maintenant en opposer une autre, d'inspiration aristotélicienne, même s'il prend grand soin de lui donner un habillage scriptural. Quand il se rappelle Origène, le très dialecticien Thomas sort son Aristote.

Ainsi commence-t-il par s'opposer la seule véritable objection, à savoir Lc 18, 33 : *Postquam flagellaverint, occident eum,* c'est-à-dire, « après l'avoir flagellé, ils le tueront ». Singulier syllogisme qui revient à prétendre que le Christ n'a pu se tuer puisque, longtemps auparavant, dans les versets que les savants biblistes nous présentent comme la « dernière annonce de la Passion » (Lc 18 ; Mc 10, 32-34 ; Mt 20, 17-19), Jésus lui-même a annoncé que d'autres voulaient sa mort. Si d'autres voulaient, c'est que sa volonté à lui était hors de cause. Subrepticement, et c'est là l'essentiel, Thomas substitue la cause finale à la cause efficiente des trois premiers points. Il s'est tué lui-même, il l'a voulu – cause efficiente –, mais parce que d'autres l'ont voulu et voulaient sa mort – cause finale.

Et Thomas d'enchaîner aussitôt, à la manière de Durkheim, qu'il « y a deux manières d'être cause d'un effet » : *directe,* en subissant les mauvais traitements, qui entraînent la mort ; *indirecte,* en ne repoussant pas ce qu'il aurait pu empêcher. *Et hoc modo ipse Christus fuit causa suae passionis et mortis :* de cette seule manière le Christ fut lui-même la cause de sa passion et de sa mort. Le sophisme positiviste a rajouté un préfixe à la cause : de directe, elle devient indirecte. Il manquait un manche à cette lame. Un peu comme si la lame appartenait encore à la victime, et le manche à ses bourreaux.

En conséquence, parce que l'âme du Christ n'a pas écarté *(non repulit)* de son propre corps les coups qui lui étaient portés, mais a voulu *(sed voluit)* que sa nature corporelle succombât sous les coups, on peut dire qu'il a remis son âme ou qu'il est mort volontairement *(dicitur suam animam posuisse, vel voluntarie mortuus esse).*

Dans sa conclusion, saint Thomas s'abstient en vérité de trancher, scolastique oblige :

En mourant, le Christ, tout à la fois, a subi la violence et il est mort volontairement, puisque la violence faite à son corps n'a pu dominer celui-ci que dans la mesure où il l'a voulu lui-même *(quia violentia corpori ejus illata est, quae tamen tantum corpori ejus praevaluit, quantum ipse voluit).*

Much ado about nothing !, comme disait Shakespeare. Origène contre Aristote, et l'on obtient une once d'anatomothéologie et un soupçon de logique aristotélicienne. Finis les prodiges et autres miracles auxquels nous avaient habitués Tertullien, Origène et Augustin. Il a voulu sans vouloir, comme dans l'épître aux Hébreux, à ceci près qu'on ne trouve plus ni grand prêtre ni sacrifice, ni Père ni Fils ; comme chez Maxime, à ceci près que le jeu des deux volontés est ici réduit à sa plus simple expression, et qu'il ne s'agit plus de la volonté du Père et de celle du Fils, mais uniquement de la volonté du Christ et de celle des « méchants », de « l'homme Jésus » et de la société. Jésus, ou le suicidé de la société.

Juste un bon citoyen parfaitement moral qui, tel Socrate, se refuse à la dernière heure à bafouer les lois de la cité qui ont voulu sa mort. On ne dira jamais assez le civisme du Christ en Croix !

Métaphysiquement, les choses se compliquent quelque peu, car cette conjonction d'un vouloir et d'un ne-pas-vouloir désactualise le trope suicidaire en rejetant en amont la question de la volonté : la mort volontaire du Christ en Croix est une question métaphysique, qui n'a de sens que dans l' « économie du salut ». La volonté de l'homme que les Pères avaient essayé de penser, quand il n'était pas encore sûr que le Père et le Fils allassent divorcer sous l'effet du dogme trinitaire (« il suffit que vous soyez deux réunis en mon nom pour que je sois parmi vous », Mt 18, 20), ni même que le Père eût vraiment un Fils, ou que les deux fissent deux et non plus un avant de faire trois, perd ainsi tout objet. Seule importe désormais la volonté du rachat, de la rédemption. Tout comme chez Baudrillard, la mort n'est qu'un temps de l'économie, ce qui est, somme toute, bien naturel quand on sait que la science économique n'était pas encore autonome, mais faisait partie de la philosophie morale : l'économique relevait de l'éthique autant que l'éthique relevait de l'économique[1]. Oubliée la divine *kénose* pour une autre divine surprise : avec saint Thomas, Dieu « donne sans perdre »[2].

1. Cf. Rd. de Roover, *La pensée économique des scolastiques. Doctrines et réponses,* Paris, Vrin, 1971, p. 19.
2. Pour reprendre la problématique féconde d'Ivaylo Ditchev, *Donner sans perdre. L'échange dans l'imaginaire de la modernité,* Paris, L'Harmattan, 1997, chap. 4. Voir aussi le « don sans économie » qu'analyse Derrida dans « Donner la mort », 1992, p. 91.

Déjà, dans son *Cur Deus homo* (1098), saint Anselme de Cantorbéry (II, 11) affirmait que l'homme qui meurt pour notre salut ne doit le faire ni par nécessité ni « au titre d'un dû » : il pourrait « ne jamais mourir s'il le veut »[1] ; il faut donc, au contraire, qu'il « puisse mourir par libre volonté ». Soit. Mais il avait bien précisé auparavant que cet homme ne « peut mourir que selon la nature humaine », parce que, « selon la divine, il sera toujours incorruptible ». Dieu, comme disait assez vulgairement le Jean Cau de la *Pitié de Dieu*, ne s'use que si on ne s'en sert pas. Plus il mourra, plus il sera lui-même. Plus il sera Dieu.

Plus tard, dans son *Liber sententiarum* (vers 1300), Jean Duns Scot (III, d. 20) abondera dans le sens d'Anselme, tout en objectant, contre lui, que si Dieu avait pu se dispenser de la Passion, la Rédemption elle-même n'était pas nécessaire : la nécessité de la Passion n'était que la « nécessité de la conséquence » (« quand je cours, je me déplace », explique-t-il d'une jolie lapalissade) : d'où on conclut que l'homme aurait pu être racheté d'une autre manière ; cependant, c'est grâce à sa « libre volonté » que Jésus a choisi la Croix. Si on le comprend bien, la théologie de la Rédemption ne semble présumer aucunement de la nature de la mort. Quel que soit le parti pris, le plus frappant est de voir que la « gratuité » du salut, partant de la mort, est pareillement affirmée. Dans cette

1. Voir le commentaire de M. Corbin et A. Galonnier, *in* S. Anselme de Cantorbéry, 3 : *L'incarnation du Verbe, Pourquoi un dieu-homme,* Paris, Cerf, 1988, p. 105 sq.

tradition, dont Thomas marque le couronnement, la question de la volonté est résorbée dans celle de la « gratuité » : on évite ainsi le blasphème qu'aurait impliqué l'aristotélisation de la théologie[1]. Reste qu'en un sens le Docteur angélique va plus loin, puisque, pour lui comme pour Tertullien et Origène, Jésus reste tout de même cause *matérielle* de sa mort sur la Croix. Sa libre mort charnelle confirme – seulement, devrait-on dire – sa décision métaphysique. Autrement dit, cette libre volonté n'est plus qu'un faux-semblant pédagogique, du genre qu'a pu fantasmer de nos jours un René Girard dans ses *Choses cachées depuis la fondation du monde.* L'homme ressuscité ne meurt plus : il est devenu, ou redevenu, le « premier-né des morts ». Dans un monde en voie de sécularisation, la théologie thomiste a réinventé le docétisme en mettant entre parenthèses l'homme-Dieu qui souffre et qui meurt. Que la théologie de la coupe soit absente de l'analyse thomiste de la question est un indice supplémentaire de cette évolution.

Désormais, comme dira Vladimir Jankélévitch, la mort est une métaphysique pour ceux qui ne font pas de métaphysique ; Eugen Fink, dans *Metaphysik und Tod,* va plus loin encore : la mort est un événement singulier, qui n'intéresse pas – ou plus – la métaphysique. Il faudrait préciser, pas même celle du Christ, qui est un leurre. Depuis saint Thomas, il n'est de métaphysique que du salut. Après que, avec Maxime le Confesseur, le Père eut sauvé le Fils d'un suicide en affirmant la supériorité de la soumission sur la volonté, Thomas le sauve carrément

1. C'est la problématique adoptée aujourd'hui par J. Moingt, Gratuité de Dieu, *Recherches de science religieuse,* 83, n° 3, 1995, p. 331-356. Mais il paraît oublier la dimension économique de cette « gratuité » de l'amour mise en relief par Bartolomé Clavero, *La grâce du don. Anthropologie catholique de l'économie moderne,* Paris, Albin Michel, 1996.

de la mort, « métaphysiquement insignifiante », en lui imposant un « meurtre » et en ralliant, en subordonnant, définitivement la théologie à la doctrine du sacrifice. L'effacement a été régulier et conséquent, comme par glissements successifs du plaisir théologal, du suicide à la mort volontaire puis au meurtre. Le Christ est mort d'un couteau sans lame auquel il manque le manche. Seul est mort le coutelier, *alias* le commun des mortels. Et sa mort se dissoudra dans la Résurrection.

Mais chez saint Thomas, la problématique morale exclut de s'arrêter là. De fait, il existe une autre approche possible de la mort du Christ. Ce qu'A. Bayet dit de l'*aggiornamento* des premiers siècles vaut autant, sinon plus, pour saint Thomas : loin de défier le siècle, il suit sa morale, voire la mode[1]. De fait, la double volonté, désormais « sociologisée », et l'invocation des deux causes, dorénavant « matérialisées » – le Christ fut tout à la fois agent et patient, il est mort volontairement en subissant une violence –, permettent à saint Thomas d'éviter de trancher sur des bases strictement théologiques.

TAUTOTHÉOLOGIE : DE LA SOLUTION ÉCONOMIQUE D'UN PROBLÈME THÉOLOGIQUE

Dès lors, la question devenait *ipso facto* morale : le cas du Christ perdait sa singularité, et le problème de sa mort volontaire relevait d'une autre problématique, héritée de la philosophie grecque, en particulier dans sa version aristotélicienne : le suicide est un vol contre l'État... Comment celui qui a dit « Rendez à César ce qui appartient à

1. A. Bayet, *Le suicide et la morale*, p. 320 et 329.

César » aurait-il pu voler César ? Dans l'*Éthique à Nicomaque* (1138 A 9), il est vrai, cette affirmation est présentée comme un constat : le suicidé prive la société ; ce faisant, il commet une injustice[1], la justice devant être entendue comme la responsabilité de l'individu à l'égard de la collectivité : en conséquence, « l'homicide de soi-même l'emporte d'autant plus en gravité sur les autres homicides que l'amour qu'on se doit à soi-même doit être le type de l'amour que l'on doit aux autres ». Plus précisément, le suicidant usurpe le pouvoir de Dieu en jugeant une cause qui lui est étrangère[2] : « Personne n'est juge en sa propre cause. » Ainsi saint Thomas est-il amené à techniciser et à systématiser les thèses augustiniennes grâce au renfort d'Aristote[3]. Alors que Platon reconnaissait, dans certaines circonstances, que le suicide pouvait être une voie admissible, Aristote radicalise l'interdiction parce qu'il croit moins à l'immortalité de l'âme, mais aussi et surtout parce que la politique, chez lui, est émancipée de la métaphysique. Chez Platon, un homme qui se suicide provoque un réarrangement d'atomes, comme disaient les tenants de la religion naturelle, sans rien changer à l'essentiel : l'immortalité et l'ordre du monde tel que les dieux l'ont voulu. Avec Aristote, notamment celui de l'*Éthique à Nicomaque*, le suicidant attente à l'ordre même de la Cité : il n'y a plus l'échappatoire d'une deuxième cité[4].

1. Mais conclure, comme P. Veyne (« Suicide, fisc, esclavage, capital et droit romain », 1981, p. 246, note), qu'il n'y a « rien de plus » chez Aristote, c'est oublier ce que la sociologie aristotélicienne suppose de théologie platonicienne.
2. N. Blazquez, « La morale traditionnelle de l'Église au sujet du suicide », 1985, p. 96.
3. Notamment *Summa theologica*, II, II, q. 65, art. 5.
4. Voir l'analyse d'E. Werner, *Mystique et politique*, Lausanne, L'Age d'Homme, 1979, p. 13-33.

Le débat sur la mort volontaire tournait dès lors autour de cette seule et unique question : à qui appartenait le corps d'un individu ? Pour Platon, en effet, on ne pouvait se tuer sans prendre d'abord en considération la question de sa propriété : les droits de propriété appartenant conjointement aux dieux et à l'État. Dans le livre IX des *Lois*, le suicide est ainsi défini comme un vol aggravé, un « vol sacrilège ». Paul (1 Co 6, 19-20 ; mais aussi Rm 1, 1 ; Ga 1, 10 ; Ph 1, 1), en l'occurrence, rejoint le Platon du *Phédon* (61 *c*). Ce qui donnera chez Augustin, plus quérulent encore que d'ordinaire : un chrétien n'a le droit de s'ôter la vie que pour glorifier Dieu. Il aura fallu l'interposition d'une théologie politique – augustinienne – faisant de l'Église et de l'État le bras séculier du Christ pour déposséder le fidèle de ce libre arbitre.

L'homme ne peut se tuer parce qu'il n'est pas propriétaire de sa vie : Bruno Schüller a montré qu'il ne s'agissait pas d'un argument mais d'une tautologie, je dirais même plus, d'une « tautothéologie » : nous ne sommes pas libres parce que nous ne sommes pas libres, vu que nous sommes la propriété de notre créateur[1]. Je dirais même plus, nous sommes la propriété du créateur, parce que nous ne sommes pas libres. En d'autres termes, l'homme n'a qu'un droit d'utilisation – les modernes diraient d'usufruit –, non un droit de disposition *« in substantiam »* sur la vie : au XVIe siècle, affirmera le théologien anglais Sayrus, c'était une affirmation largement reçue[2]. Au XVIIIe siècle, le bénédictin Desing ira encore plus loin en soutenant que, si l'homme pouvait user des

1. Bruno Schüller, Zur Problematik allgemein verbindlicher ethischen Grundsätze, *Theologie und Philosophie*, 45, 1970, p. 13-16.
2. M.-F. Renoux-Zagamé, *Origines théologiques du concept moderne de propriété*, Genève, Droz, 1987, p. 123.

choses *« pro libidine »*, pour le plaisir, à sa guise, s'il disposait d'un *« jus imparticipatum, seu a se »*, d'un droit non partagé, propre, il serait lui-même Dieu *(essentialiter Deus)*[1]. Au terme de ce syllogisme, qui attente à sa vie porte atteinte aux droits de propriété de Dieu[2]. Donne fera lui aussi cette distinction entre *dominium* et *usum*, sans en tirer des conclusions aussi radicales puisque pour lui, au contraire, le locataire a toujours la liberté de donner son congé, ou l'usufruitier de renoncer à ses droits.

En vérité, les conclusions qu'en tire Thomas[3] sont celles du *Phédon*[4] : l'homme appartient aux dieux, ses maîtres ; se soustraire à eux, c'est les flouer : « L'homme est un prisonnier qui n'a point le droit d'ouvrir la porte et de fuir. » Pour bien souligner l'interdit, Platon ajoute : en nous suicidant, nous volerions les dieux, de même que les animaux nous voleraient s'ils se suicidaient, ou que nos biens nous déposséderaient s'ils se détruisaient eux-mêmes. Tel est le point de vue qu'adoptera Diderot, non sans tancer John Donne, dans l'article « Suicide » de l'*Encyclopédie*. Le suicide est un « vol fait au genre humain », écrira pareillement Rousseau dans *La Nouvelle Héloïse*. A première vue, cette théologie est celle du « tribut à César » : « Rendez donc à César ce qui est à César, et à Dieu ce qui est à Dieu » (Mt 22, 21). Pour saint Thomas, l'homme appartient à Dieu ou à l'État, qui tire de lui son pouvoir juridique : pas plus que pour

1. Cité *ibid.*, p. 54 et 366.
2. Thomas d'Aquin, *Summa theologica*, IIa-IIae, q. 64, *De homicidio*, art. 5. Pour une critique théologique de cette argumentation, voir B. Schüller, *Die Begründung sittlicher Urteile. Typen ethischer Argumentation in der Moraltheologie*, Düsseldorf, 1980, p. 238 sq.
3. *Summa theologica*, II, 2, q. 64, art. 5.
4. Voir R. di Giuseppe, *La teoria della morte nel « Fedone » platonico*, Naples, Società Editrice il Mulino, 1993.

Augustin, on ne peut tuer « de son droit privé », pas plus soi-même qu'un autre. C'est la problématique kantienne avant l'heure.

Pour le Kant des *Fondements de la métaphysique des moeurs* (IIe section), en effet, l'impératif catégorique qui veut qu'on ne fasse point au prochain ce que l'on ne voudrait pas qu'on nous fasse (curieux retournement laïcisé du « Aime ton prochain comme toi-même ») trouve une contrepartie, « économique », dans l'obligation de ne pas se faire à soi-même ce que les autres ne pourraient faire sans dommage. Chaque acte devant être accompli comme s'il était promis à devenir une loi de conduite universelle, le refus du suicide va de soi. Se suicider, c'est disposer de soi à des fins arbitraires, donc « avilir l'homme en sa personne » sous prétexte que la fin poursuivie n'est pas au-delà de l'acte »[1]. Du thomisme sécularisé, reposant sur une distinction arbitraire des fins et des moyens, alors que le « geste » suicidaire paraît les confondre : entre saint Thomas et Kant, il n'y a jamais eu que le « désenchantement » du monde. Le thomisme laïcisé demeure thomisme. Or, « la vision du monde de Thomas, réitérée par Kant à sa manière, est une option, une vision du monde *normative,* qui comporte au verso les règles morales que nous devons suivre pour correspondre à cette image. La philosophie de Thomas et de Kant ne prouve donc rien, mais elle leur sert justement à réitérer leur morale, et *vice versa* »[2]. Dès lors s'impose une lecture économique de l'aristotélisation de la théologie du suicide chez saint Thomas.

1. C. Schuwer, *La signification matéphysique du suicide,* 1949, p. 80.
2. H. M. Kuitert, « Les chrétiens ont-ils le droit de se donner la mort ? », 1985, p. 135. Voir aussi Cl. Rosset, *Le démon de la tautologie,* Paris, Éd. de Minuit, 1997, p. 27.

Hans Blumenberg rappelle fort justement que, dans cette tradition, « l'homme ne doit pas se vanter de s'appartenir à soi-même, c'est là une proposition centrale de la *Théologie du Nouveau Testament* de Rudolf Bultmann »[1]. Mais, quand il dit Bultmann, on pourrait aussi bien lire K. Barth, Rousseau, saint Thomas ou Aristote, c'est-à-dire, encore, Kant. Si économie du Salut il y a, c'est donc uniquement qu'il y a, plus encore qu'une théologie de la dette – « Dieu se payant à lui-même », comme dit Nietzsche analysant le « coup de génie du christianisme »[2] –, une théologie de la propriété. Dans la logique du sacrifice, observe J. Derrida commentant Nietzsche avec une grande pertinence, le *croire* se trouve « suspendu entre la créance du créancier *(Glaübiger)* et la croyance *(Glauben)* du croyant »[3]. Mais il faut aller plus avant, car loin de faire l'économie de la propriété, cette économie de la dette la fonde. « A y regarder de près, renchérit H. Blumenberg, la complexité et la douleur de la Passion sont la conséquence du respect des droits de propriété » et, en vérité, d'un litige, amorcé dès l'infraction adamique, lorsque l'homme goûta au fruit de la connaissance du bien et du mal :

> Si le baptême était une union avec le Ressuscité de Pâques, l'Eucharistie, elle, s'adressait au mourant sur la croix. [...] Dans cet instant [...], il s'était offert en propriété à l'ange de la mort, au prince de l'Hadès. Aussi la descente dans l'Hadès pendant l'ensevelissement au tombeau n'était-elle rien d'autre que la conséquence de ce transfert de propriété : la Passion était la condition nécessaire au renversement de ce qui était survenu au Paradis, pour permettre l'intrusion dans la région de l'Autre et lui arracher sa propriété en échange de la seule garantie que Jésus quitterait de nouveau ce royaume étran-

1. H. Blumenberg, *La Passion selon saint Matthieu*, p. 65 sq.
2. Nietzsche, *Généalogie de la morale*, IIe dissertation, § 4.
3. Derrida, *loc. cit.*, p. 106-107.

ger. Sans ruse ni truquage donc, sans ingrédients docètes non plus, le *descensus ad inferos* peut être reconstitué selon la légitimation, ce qui permet en même temps d'éviter la perspective messianique d'un acte de pure puissance.

Au lieu d'un « acte salvifique [...] accompli par la puissance, par la poigne de Dieu », qui renverrait à la métaphysique aristotélicienne de l'acte précédant la puissance du chapitre *thêta* de la *Métaphysique*[1], il n'y eut que « respect de relations de droit, dans un contexte donné et toujours prévalant de propriété »[2]. De fait, « le rapport entre propriété et obéissance est constitutif du concept de péché comme aussi bien de son expiation » : on comprend pourquoi il a fallu, avec Maxime et saint Thomas, remplacer le libre exercice de la volonté du fils par l'obéissance : car, si la volonté est fondatrice du domaine divin, il n'est d'expression possible de la volonté humaine que dans la soumission. « Celui qui n'obéit pas nie le droit du propriétaire sur sa personne, ainsi que le devoir de protection qui y est attaché » et devient *res nullius*. Le Christ choisissant la mort risquait de n'être rien. Un dieu de chair, mais mort. Un cadavre, comme disait Dostoïevski.

En conséquence, « la Passion est l'acte générique de renouvellement de la propriété *par* l'obéissance ; en cela elle est la caution légale *pour* l'obéissance » : elle obtient le « passage d'une propriété à une autre »[3]. Selon saint Thomas, il n'appartient donc pas à l'homme – et quand il dit homme il embrasse aussi l'Homme, *alias* le Christ – de « décider le transfert éventuel de cette vie à l'autre

1. Voir M.-H. Gauthier-Muzellec, *L'âme dans la métaphysique d'Aristote,* Paris, Kimé, 1996, p. 263 sq.
2. H. Blumenberg, *La Passion selon saint Matthieu,* p. 66-68.
3. *Ibid.,* p. 69-70.

plus heureuse »[1]. *« Nostri non sumus sed Domini »,* nous appartenons à notre maître, pas à nous, dira aussi Calvin.

Cette théologie économique aura une belle postérité, parfaitement résumée par la dogmatique de Karl Barth, même s'il s'agit là d'une théologie embourgeoisée, puisque, au don de Dieu, est substitué désormais un prêt : « La vie de l'homme ne lui appartient pas, elle appartient à Dieu. Et Dieu la lui a prêtée [...], non pas pour qu'il en dispose à sa guise, mais en vue d'un service déterminé. »[2] Et ce prêt n'est jamais sans contrepartie mais relève du mode de l'envahissante *antidora,* ce système de la scolastique tardive par lequel le surcroît qui accompagne la restitution de l'emprunt, en l'occurrence la mort, se justifie par l'actualisation auprès du créancier, *alias* Dieu, de la relation d'amour, la vie, que le prêt consenti instaure entre les partenaires[3]. Autrement dit, cette « théologie de l'amour » fonde une « économie de la sujétion »[4]. La théologie du suicide est, *ipso facto,* une théologie de la sujétion, voire de la « révolte », pour parler comme Camus.

Quant au transfert de propriété fondé sur la théologie du domaine appliquée à la question des rapports entre le Père et le Fils, il ne pourrait au mieux sauver la pleine volonté du Fils, et donc surmonter l'aporie à laquelle s'est heurtée la théologie depuis Maxime le Confesseur, que par l'idée d'un contrat synallagmatique entre les deux personnes : tel est donc le fondement de l'économie du salut, dont l'inconvénient reste de faire disparaître la singularité du geste christique derrière la rela-

1. N. Blazquez, *loc. cit.,* p. 97.
2. K. Barth, « Une appréciation théologique », p. 158.
3. B. Clavero, *op. cit.,* notamment, p. 47-56.
4. *Ibid.,* p. 163-191.

tion d'échange. L'idée du *triduum mortis* est par trop insupportable. Mais il est vrai, comme disait Péguy, que le calendrier n'a pu faire autrement que de situer la Passion au printemps, en une saison où, contre vents et marées, les Pâques fleuries invitent prématurément à goûter la chaleur de la résurrection : nous sommes tous des « employés » qui faisons le « pont de la joie », « gaillardement » oublieux que nous sommes d'un Dieu mort dans sa chair d'homme. Bref, on a là une jolie petite théologie printanière avant l'heure, qui escamote le corps. Oubliant que, chez les païens, le mot *« oikonomia »* désignait une administration trop habile, frisant le malhonnête, pour faire triompher la mauvaise cause[1], Thomas aura préféré prendre le mot dans son acception stoïcienne, qui en faisait l'équivalent de la *dioikêsis,* de l'administration du monde, en un mot de la Providence. Ce faisant, il a dépouillé la mort du Christ de toute dimension proprement théologique.

L'AMI DES BÊTES ET LE PÉLICANICIDE

Parallèlement à saint Thomas et à ses syllogismes aristotéliciens, la « vieille idée » du Christ allant au-devant d'une mort volontaire resurgit au Moyen Age sous des couverts inattendus : de la preuve par l'anatomie on devait passer à la preuve par la zoologie. Le Fils de Dieu est associé à divers animaux, tantôt domestiques, tantôt sauvages, dont le comportement est réputé exemplaire. On connaît l'agneau, qui deviendra naturelle-

1. Voir C. Blanc, L'emploi du mot *oikonomia...*, *in* Origène, *Commentaire sur saint Jean,* V, Paris, Cerf, coll. « Sources chrétiennes », 1992, p. 363-365.

ment « l'agneau » du sacrifice. Mais il est loin d'être le seul. Ainsi lit-on dans le *Bestiaire* de Guillaume le Clerc :

Deus est le verai pellican[1].

Autrement dit, le Christ est ce pélican au « long bec emmanché d'un long cou »[2] qui, de son propre chef, se perce le cou pour se donner en pâture à ses enfants. « On tient qu'il aime si fort ses petits, dira Furetière, qu'il meurt pour eux et se déchire l'estomac pour les nourrir. On en dit plusieurs fables et on en fait l'hiéroglyphe de l'amour paternelle. » Mais Guillaume le Clerc de Normandie, il est vrai, tempère sa comparaison en disant seulement du Rédempteur qu'il se laissa frapper. Chez Thibaut de Champagne et Richard de Fournival (XIIIe siècle), également, Dieu est semblable au pélican qui « se tue de son bec », « partageant à ses fils ses entrailles de père » (Alfred de Musset). D'autres vont plus loin et parlent sans conteste de mort volontaire. « Le troisième jour, observe Pierre de Beauvais, il s'ouvre le flanc à coups de bec et se couche sur les oisillons morts : il répand le sang de son flanc sur eux, et c'est ainsi qu'il les ressuscite. Il en va de même de Notre-Seigneur Jésus-Christ » qui « consentit à ouvrir son flanc ». Le même auteur compare le Christ au Phénix[3], qui a le pouvoir de « s'anéantir ». Mais le pélican a d'autres usages. L'encyclopédiste florentin du XIIIe siècle Brunetto Latini, dans le *Livre du Trésor,* fait dire au Christ

1. Éd. Reinsch, Leipzig, 1892, v. 569, p. 245.
2. Le thème du pélican est une référence au psaume 102, mais le pélican de la version Segond devient choucas, simple « oiseau solitaire » dans la traduction de Samuel Cahen, ou hulotte sous la plume d'Osty, ou hibou dans la Bible de Jérusalem. Cette approximation ornithologique autorise sans doute quelque licence avec la fable.
3. Voir J.-M. Maguin, Le Phénix caché, *in* J.-M. Benoist, *John Donne,* « Dossiers H », Paris, L'Age d'Homme, 1983, p. 135-139.

qu'il est comme le fils du Pélican. La métaphore s'est déplacée du sacrifice et de la mort volontaire à la Résurrection. Comme si, pour mieux conjurer le scandale de la mort volontaire, il fallait indissolublement lier suicide et vie éternelle. Il n'est pas jusqu'à la « théozoologie » qui ne soit ainsi « économicisée ».

De même, dans l'*Arbre de vie de saint Bonaventure* (BN, XVe siècle), l'arbre de la passion du Christ est dominé par un pélican qui se transperce pour nourrir sa nichée. Les *Très riches heures de Catherine de Clèves* ont une planche consacrée à l'agonie au jardin : en marge, un pélican se transperce pour nourrir ses petits de son sang. Encore un siècle avant le *Biathanatos,* paraîtra à Mayence (1549) un ouvrage de Fabius Optimellus, *Optati Milevitani... De Schismate Donatistarum* : face à la page de titre, on retrouve l'emblème du pélican nourrissant ses trois petits de son sang, accompagné de cette légende : *« Exemplum veri Pelicanum cernis amoris / Qui reficit pullos ipse cruore*[1] *suos / Sic amor est Christi, qui nobis sanguine fuso / Restituit vitam, ac in cruce regna dedit »,* c'est-à-dire : « Tu comprends que l'exemple de l'amour véritable est ce pélican qui fait revivre ses petits à partir de son propre sang. Il en est ainsi de l'amour du Christ qui, en versant son sang pour nous, nous a rendu la vie. » Une fois de plus, le Christ est associé au pélican qui se tue de son plein gré, mais l'ironie est ici appuyée, puisque l'image se trouve cette fois, comme un *imprimatur* ou un *nihil obstat,* dans un ouvrage consacré aux donatistes !

Lorsque, au milieu du XVIIe siècle, John Donne voudra prouver que le recours au suicide est également naturel, il commencera lui aussi par invoquer la vie des

1. *Cruor* désigne ici, plus que le sang ou la force vitale (*sanguis* aurait suffi), le meurtre ou le carnage, bref l'homicide de soi-même du pélican.

bêtes. Ainsi se réclame-t-il de saint Ambroise qui, dans l'*Hexaméron*, V, 5, donne en exemple les abeilles qui font comme les sujets du roi de Perse et sont les bourreaux d'elles-mêmes lorsqu'elles se jugent coupables d'avoir contrevenu aux lois de leur reine ! Mais, avant tout et surtout, il reprend à son compte l'« exemple, ou l'emblème » médiéval du Pélican[1], demeuré plus que jamais le symbole du Christ. Et d'un Christ qui se tue. Peu après la publication du *Biathanatos*, Sir William Denny, forgeant le mot de « pélicanicide », prendra le contre-pied des thèses de Donne dans un ouvrage intitulé *Pelecanicidium : or the Christian Adviser against Self-Murder*[2]. Le titre même a une valeur d'avertissement que soulignent ces vers :

Il s'est maintenant fait saint pour te détourner de ta joie
Et te mène vers un noir labyrinthe pour mieux te détruire.

Il y a pélican et pélican, le pélican nourricier et le pélican « pélicanicide » de soi-même. A chacun le sien.

JOHN DONNE
OU L'INVENTION DU SUICIDE

Pour John Donne, rien au monde n'est si mauvais que ce ne puisse parfois être un bien, parfois même un bienfait commandé par Dieu. Aussi le mal ne saurait-il être dans la nature de la chose, et si nous sondons les reins, laissons à Dieu le soin de sonder les cœurs. La théologie du suicide de Donne rejoint, en l'occurrence, celle de l'*Anatomie de la mélancolie* de Richard Burton : les bras de

1. J. Donne, *Biathanatos*, I, II, sect. 2, 5.
2. Sprott, *The English Debate on Suicide*, 1961, p. 68-70, et B. Paulin, *Du couteau à la plume*, p. 63-64.

Dieu sont assez larges pour embrasser tous les désespérés[1], puisque « à espérer, à conspirer sa propre mort, tout vivant est contraint »[2]. Tel est le cadre dans lequel il faut comprendre sa philosophie du suicide et aborder son *Biathanatos,* ou « Déclaration de ce paradoxe ou thèse que l'homicide de soi-même n'est pas si naturellement peccamineux qu'il ne puisse en être autrement ». Écrit en 1608, c'est-à-dire avant son entrée dans les ordres, quand le doyen n'était encore que « Jack » Donne comme il prendra soin de le rappeler à divers correspondants, l'ouvrage ne sera publié qu'en 1646, soit quinze ans après sa mort, et quarante ans après qu'il avait été écrit. Lorsqu'il entreprend ce traité scolastique commençant sur le ton de l'aveu autobiographique[3], John Donne, comme il le confie dans une lettre à Sir Henry Goodyer, est alors affligé d'un brûlant « désir de la vie future » et transfère ici son obsession du suicide du domaine de la psychologie à celui de la théologie. Avec justesse et bienveillance, A. Alvarez observe que ce théologien scolastique tardif « a écrit une œuvre quasi médiévale pour réprouver la croyance médiévale que le suicide est un sujet impossible »[4].

La casuistique chrétienne – John Donne en fut en son temps l'un des plus extraordinaires connaisseurs – s'était de longue date occupée de Samson, dont la mort est le plus proche exemple de suicide *positif* qu'on puisse trouver

1. R. Burton, *The Anatomy of Melancoly* (1621), 16e éd., Londres, 1836, I, IV, p. 290.
2. J. Donne, Tout se tue, in *Paradoxes et problèmes,* trad. P. Alferi, Paris, Allia, 1994, p. 12.
3. La meilleure édition – la seule critique et fondée sur le texte holographe – est à ce jour celle d'E. W. Sullivan : John Donne, *Biathanatos,* Londres et Toronto, Associated University Presses, 1984. Voir notamment p. XII-XIII, ainsi que P.-E. Dauzat, introduction au *Biathanatos,* 1999.
4. A. Alvarez, *Le Dieu sauvage,* 1972, p. 190.

dans les Écritures (Juges 16, 30) : un « homme exemplaire », dit John Donne, à tel point que d'autres nations avaient, en son temps, « quelque type ou copie de lui en la personne d'Hercule ». Son œuvre est au demeurant si positive que beaucoup, à l'instar de l'Espagnol Francisco de Victoria[1] (1486-1546) ou du jésuite Gregorio de Valentia[2] (2e moitié du XVIe), refusèrent d'y reconnaître un suicide malgré les derniers mots rapportés par les Juges (16, 30) : « Que je meure avec les Philistins. »

Dans son *Biathanatos* (III, V, 4) comme dans son « Duel de la Mort » (1630), Donne réfute l'interprétation augustinienne : l'Esprit-Saint étant l'épée qui dirige son tranchant selon la volonté de celui qui l'emploie[3]. Mais il récuse dans le même temps les quiétistes qui, « renversant la thèse augustinienne, précise J.-L. Borges, [avaient] cru que Samson "était mû par la violence du démon, quand il se tua en même temps que les philistins" »[4]. A l'opposé du Milton du *Samson Agonistes (in fine),* s'appliquant à défendre Samson contre l'imputation du suicide, Donne se réclame d'un jésuite espagnol, Benedicto Pererius (1535-1610), et conclut que dans sa mort volontaire *(self-killing),* comme dans le restant de sa vie, Samson fut un symbole ou, mieux encore, un type, au sens théologique, du Christ : sa préfiguration vétérotestamentaire. John Donne, le doyen de Saint-Paul, donne raison à Jack Donne, le libertin :

> Il est mort avec le même zèle que le Christ, car, en cette manière de mourir, comme en toute autre chose, il fut un type du Christ[5].

1. *Relecciones Teologicas,* Madrid, 1917, 2, p. 235.
2. *Commentariorum Theologicorum,* Ingolstadt, 1595, III, dis. 5, q. 8, 2.
3. *Civ. Dei,* I, 20. Dans sa Quest. CXXIV, 1, Thomas justifie pareillement le « suicide » de certains martyrs par l' « inspiration » divine.
4. J.-L. Borges, Le « Biathanathos », in *Autres inquisitions,* 1993, p. 741-744.
5. *Commentariorum et Disputationum in Genesim 49, 16,* t. IV, Cologne, 1601, sig. 4V6. Peririus fait sien le parallèle Samson/Hercule.

A en croire Borges, le « problème casuistique » de la mort de Samson n'était pour Donne qu'une « sorte de métaphore ou de simulacre » : son « cas » n'avait aucune importance en soi. Son vrai but aurait été : « Ce que je viens de dire peut bien être faux appliqué à Samson ; certainement pas appliqué au Christ », tant il est vrai que « les meilleures des choses se tuent plus vite » et que « toutes s'efforcent vers cette perfection, toutes travaillent à leur mort »[1]. On retrouve la même idée dans les *Sonnets sacrés* : « Et les meilleurs des hommes les premiers te rejoignent... »[2]

Dans le chapitre plus succinct (III, IV, sect. 5-6) consacré au Christ lui-même, Donne cite Jean (10, 15 et 18), notamment le « Personne ne m'ôte la vie, je la donne », si cher à Origène, pour en inférer que ce n'est pas le supplice de la croix qui a tué Jésus-Christ : le Christ « s'est donné la mort par une prodigieuse et volontaire émission de son âme ». Invoquant tour à tour Augustin et Thomas, dans les passages déjà cités, Donne cite un dénommé Marlorat, qui, commentant saint Matthieu, a le détail anatomique à peine plus corsé que ses prédécesseurs :

> Alors que notre chef s'affaisse après la mort, du fait du relâchement des tendons et des muscles, le Christ commença par incliner de lui-même la tête avant de rendre l'esprit[3].

De fait, observe l'auteur du *Biathanatos,* jamais homme ne fit pareil, sa volonté fut la seule cause de sa mort à cette heure : « De nombreux martyrs sont restés suspen-

1. J. Donne, Tout se tue, in *Paradoxes et problèmes,* trad. P. Alferi, Paris, Allia, 1994, p. 13.
2. John Donne, *Poésie,* trad. R. Ellrodt, Paris, Imprimerie nationale, 1993, p. 373.
3. Augustin Marlorat, *A Catholike and Ecclesiastical exposition of the holy Gospell after S. Mathewe,* trad. Thomas Tymme, Londres, 1570, p. 730.

dus, en vie, des jours durant à la Croix. Et les larrons étaient encore vivants. » Mais Donne prend bien soin d'ajouter : « ils » – ses bourreaux – ont voulu le tuer en lui infligeant moult souffrances, qui, le moment venu *(in tyme)*, auraient bien fini par le tuer, et « pourtant, rien de ce qu'ils avaient fait n'occasionna une mort si prompte ». Saint Thomas lui-même en avait convenu, lui qui n'était « point homme de pensées impies ni de propos hardis, irréligieux ou scandaleux ». La vérité, c'est que, aux yeux de Donne, le suicide du Christ était bien fait pour susciter l'envie : il était d'une nature spécialement majestueuse et maîtrisée. Négligent de l'art médical, il était mort avec une « facilité » surhumaine : une fois de plus, la mort rapide prouve Dieu. Il s'est éteint comme il pouvait éteindre le soleil d'un simple clin d'œil[1]. Du monde, il a écrit l'épitaphe.

Tels sont les passages dont Borges s'autorise pour conclure, en renvoyant à Thomas de Quincey[2], lui-même subtil exégète de Donne, que « l'objet avoué du *Biathanatos* est d'excuser le suicide ; son objet fondamental, d'indiquer que le Christ s'est suicidé »[3]. Pour Donne, en effet, la mort du Christ est le « suicide modèle »[4]. Et Dieu a créé le monde pour servir de théâtre à cette mort future. Le *Biathanatos* esquisse « l'idée baroque » d' « un Dieu qui édifie l'univers pour

1. J. Carey, *John Donne*, Londres, Faber & Faber, 1990, p. 194.
2. *Writings*, VIII, p. 398.
3. Aussi H. M. Kuitert (« Les chrétiens ont-ils le droit de se donner la mort ? », 1985, p. 136) se trompe quand il prétend que l'intention de Donne n'était pas de présenter la mort du Christ comme un suicide. Contrairement à ce qu'il semble croire, Donne n'a pas innové en concluant que « la volonté propre du Christ était l'unique cause de sa mort ».
4. M. Rudick et M. P. Battin, introd. à J. Donne, *Biathanatos*, New York, 1982, p. LXXXVIII-LXXXIX.

édifier son gibet »[1]. Il est piquant de voir que, sur ce point, le baron d'Holbach donnera raison à John Donne : Qu'est-ce que la Passion du Christ, sinon une marche vers le suicide le plus délibéré[2] ?

De fait, Donne prend toujours soin d'insister sur le désir de mort du Christ, qu'on ne saurait réduire à un simple *taedium vivendi*. Dans son *Hymne to Christ* (v. 31-32), il souligne ainsi : « Et je choisis, pour fuir l'orage, une éternelle nuit. » La strophe X de sa *Litanie* (sur les martyrs) est plus explicite encore dans son invocation au Christ :

> Puisque si grand fut ton désir
> De mourir que, longtemps avant que tu le puisses,
> Et quand tu ne le pouvais plus,
> En ton corps mystique éparpillé tu voulus
> Mourir en Abel, et depuis
> Sans cesse en tes saints, que leur sang
> Nous donne de la mort ou d'une pire vie
> La patiente endurance, car il est pour certains
> Véritable martyre à n'être pas martyr[3].

Le 25 février 1630, dans le « Duel de la mort, ou Consolation à l'âme contre la vie moribonde et la mort

1. J.-L. Borges, *loc. cit.*, p. 741-744. Sur cette idée de monde comme un théâtre, voir C. Schmitt, *Hamlet ou Hécube,* Paris, L'Arche, 1992, p. 66 et 100-102 ; J. Rousset, *La littérature de l'âge baroque,* Paris, Corti, 1954 ; et surtout W. Benjamin, *Origine du drame baroque allemand,* trad. S. Muller, Paris, Flammarion, 1985, notamment p. 112 sq. et 237 sq. On donnera raison à Benjamin, plutôt qu'à Borges, car le théâtre « baroque » n'est aucunement nécessaire à l'interprétation de la mort du Christ comme mise en scène d'un suicide. Sur la « mort et le *topos* du *theatrum mundi* », voir C. Cagnat, *La mort classique,* Paris, Honoré Champion, 1995, p. 263 sq., qui montre ce que ce trope doit aux sources antiques, notamment à Épicure, et H. U. von Balthasar, *La dramatique divine,* I : *Prolégomènes,* Paris, Le Sycomore, 1984, II A.

2. Baron d'Holbach, *Système de la nature,* Londres, 1781, vol. I, p. 261, n. 84 ; voir R. Favre, *La mort dans la littérature et la pensée françaises au siècle des Lumières,* Lyon, Presses Universitaires de Lyon, 1978, p. 474-475.

3. J. Donne, *Poésie,* p. 389-391.

vivant du corps »[1] – sermon qu'il prononce presque agonisant à la chapelle de Whitehall –, Donne exprime pour la seule fois publiquement ce qu'il a confié aux pages de *Biathanatos* qu'il entendait soustraire « à la presse comme au feu » : lorsqu'il parut en chaire, rapportera son biographe, nombre d'assistants pensèrent qu'il se présentait non pas « pour prêcher la mortification par la voix d'un vivant, mais la mortalité par un corps en ruine et un visage mourant ». Le « Dr Donne avait prêché son propre sermon funèbre »[2].

Le prétexte du sermon est, comme il sied à qui se sait à l'article de la mort, le verset 21 du psaume 68, « et les issues pour la mort[3] sont à Dieu le Seigneur ». Dans la *King James Version,* qu'emploie sans doute John Donne à cette époque, le psaume affirme *And unto God the Lord belong the issues of death,* suivi de cette précision scolastique obligée, c'est-à-dire *from death.* Jusque-là, rien que de très conventionnel. Mais aussitôt, il glose sur cette notion d'*exitus mortis,* qu'au terme d'un vertigineux crescendo il interprète tour à tour comme *liberatio a morte* (délivrance de la mort), *liberatio in morte* (libération dans la mort) et *liberatio per mortem* (délivrance par la mort), c'est-à-dire par « la mort de Dieu Notre-Seigneur Jésus-Christ ».

L'argument se déploie ensuite comme un enchaînement de syllogismes que l'on peut résumer ainsi. *Primo,*

1. J. Donne, *Complete Poetry and Selected Prose,* éd. J. Hayward, Londres, The Nonesuch Press, 1978, p. 738-760.
2. Izaak Walton, The Life of John Donne, in *Walton's Lives,* Londres, 1951, p. 56.
3. Traduction littérale ; une autre interprétation, associée au nom de Symmaque et d'Ibn Ezra, préfère lire « les issues vers la mort ». S. Cahen, dans sa traduction classique du *Tanakh,* préfère courir le risque d'un faux sens : « Il y a des issues à la mort », de même que la plupart des versions « autorisées », qui disent « nous garantir de la mort ».

toute la vie n'est qu'une longue succession de morts qui ouvrent sur la vie. *Secundo,* la condition dans laquelle on meurt (violence, douceur...) importe moins que la vie que l'on a menée. *Tertio,* ce qui est valable pour l'homme l'est *a fortiori* pour Dieu. Et Donne de s'extasier : il « est surmiraculeux que Dieu puisse mourir »[1] ou encore, « que Dieu doive mourir est une surexaltation ». On retrouve alors l'argument familier, mais avec un tour poétique qui lui donne un surcroît de force : le Christ pouvait « s'épargner », il ne l'a pas fait !, car rien ne pouvait « étancher son amour ». De nouveau, l' « extase d'amour » se confond avec l' « extase de mort » de la Croix. Vient enfin le point d'orgue qu'on attendait :

> Il n'y eut rien de plus libre, de plus volontaire, de plus spontané que la mort du Christ. C'est vrai, *libere egit,* il est *mort volontairement*[2].

A cette réserve près qu'il faut considérer le « contrat » passé entre son père et lui : il y eut un *oportuit,* « une espèce de nécessité s'imposant à lui ». Mais cette nécessité, à l'en croire, était la même qui lui faisait dire, dans l'entame du *Biathanatos,* que « l'homicide de soi-même n'est pas si naturellement peccamineux qu'il ne puisse en être autrement ». En d'autres termes, le désir de la mort était si naturel qu'il en était devenu une nécessité. Mais, ajoute Donne, « quelle que soit la liberté que nous puissions *concevoir* dans le Christ, MOURIR OU NE PAS MOURIR, cette *nécessité de mourir,* ce décret est aussi *éternel* que cette *liberté* ».

Mieux encore, renchérit J. Donne, il faut imaginer la « joie » du Christ sur la Croix, une « joie qui l'a pénétré jusqu'au cœur de ses tourments, une joie qui émanait de

1. J. Donne, *Complete Poetry,* p. 754.
2. *Ibid.,* p. 755 sq.

lui »[1]. Et c'est ce qui justifie qu'à l'instar de Simone Weil on puisse l'envier : « Christ, montre-moi ton épouse aux si clairs rayons ! [...] Laisse mon âme éprise courtiser ta colombe. »[2] A rebours de la théologie de l'agonie dans sa presque totalité, y compris de sa version érasmienne, Donne propose une interprétation de la « coupe » d'une singulière audace : quand le Christ parle de la coupe qui l'attend, précise-t-il, il ne le fait pas avec détestation. C'est une « coupe, *salus mundo,* un toast au monde entier »[3]. Évoquant l'agonie, Donne retrouve spontanément la théologie origénienne[4] : sur la Croix, le fils de Dieu remet son âme entre les mains de son père, par « une voie nouvelle, une *émission volontaire* de celle-ci entre les mains de son père ». Le Christ « remit son âme, *emisit,* il rendit l'âme » : « Comme Dieu insuffla une âme au premier Adam, ce second Adam insuffla son âme à Dieu, entre les mains de Dieu » *(breathed his soul into God).* Théologiquement, les deux actes sont de même nature : le Fils abandonne la vie comme le Père avait donné la vie. La boucle est bouclée : Donne a réinventé le suicide de « manière plus divine » et en a fait l'offrande à tous les bons chrétiens. C'est pour chacun de nous en particulier que le Christ s'est suicidé, comme E. Canetti, lisant le journal de Pavese, *Le métier de vivre,* a pu dire que Pavese s'était suicidé pour lui, Canetti. Ou

1. Ce thème du « suicide heureux » est un *topos,* que l'on retrouve de Valère Maxime jusqu'à Dimitri Karamazov et Paul Valéry. Voir M. Pinguet, *La mort volontaire au Japon,* 1984, p. 313 et 334, n. 150.
2. J. Donne, *Poésie,* p. 381.
3. J. Donne, *Complete Poetry,* p. 755 sq.
4. Sans qu'on puisse invoquer une influence, Donne citant peu Origène, et généralement par le truchement de saint Thomas : cf. E. W. Sullivan, *op. cit.,* p. 236-237, et I. Husain, *The Dogmatic and Mystical Theology of John Donne* (1938), Westport (Conn.), Greenwood Press, 1970, en particulier le chapitre sur la christologie.

comme Cioran, évoquant le suicide de Heinrich Kleist et d'Henriette a pu dire qu'après ce suicide parfait, il n'y avait plus grand-chose à espérer du suicide : la place est déjà prise. Le Christ suicidé de Donne est donc moins une invitation au suicide qu'une consolation. Il ne faut dramatiser de rien, tranche notre théologien baroque.

Tel que l'envisage John Donne, le suicide du Christ a « relayé »[1], à rebours, tous les suicides du monde : il est anti-économique par excellence. Par sa mort volontaire, et surtout par la valeur « rétroactive » que lui prêtait Kierkegaard, le Christ nous a soustrait à l'empire théologique de l'*antidora* en surmontant « l'irréversibilité, mais dans l'antécédence »[2].

Par une ironie dont il est coutumier, Donne a repris des anciens le mot *biathanathos,* celui qui meurt de mort violente et qui, donc, meurt mal. En cela, il est semblable aux revenants d'un folklore immémorial. Comme chez Porphyre, à ceci près que ce revenant est d'un nouveau genre : le ressuscité. Dans sa grande transvaluation de toutes les valeurs, le Christ de Donne a offert le suicide à tous, mais ce suicide est devenu sans objet, sans nécessité, depuis celui du Christ. Échappant au domaine de possible, le suicide devient un état de l'âme, voire une condition de possibilité de l'existence. La théologie se fait ontologie : la puissance de l'acte divin a effacé l'acte.

1. J. Pigeaud, « Socrate et la belle mort », p. 15.
2. B. S.-G., art. « Suicide », *Encyclopaedia Universalis,* vol. 15, p. 508.

Chapitre VII

La vie n'est pas un argument

Ainsi tu te nourriras de la mort, qui se nourrit des hommes, et, morte la mort, plus rien ne meurt.

Shakespeare.

Chacun connaît, répétés *ad nauseam,* ces mots de Camus, ouvrant son voyage en absurdie : Ce qui commence bien – « Il n'y a qu'un problème philosophique vraiment sérieux : c'est le suicide » – tourne aussitôt à la catastrophe : « Juger que la vie vaut ou ne vaut pas la peine d'être vécue, c'est répondre à la question fondamentale de la philosophie. »[1] La peine, encore la peine, celle de tous les « pousse-au-jouir ». Parce que, sitôt posé, le « problème » du suicide revêt une connotation axiologique qui lui ôte sa dimension « ego-transcendantale » pour en faire d'emblée un problème moral : et, comme de bien entendu, la morale camusienne décrète : *Primo,* « ce qu'on appelle une raison de vivre est en même temps une excellente raison de mourir ». *Secundo,* « il s'agit de mourir irréconcilié et non pas de plein gré ». *Tertio,* « que le suicide est une méconnaissance ». En guise d'analytique, une litanie de devoirs égrenés comme un chapelet : il faut vivre, fût-ce malgré soi (ce que recommande d'ailleurs la morale), et qui

1. A. Camus, *Le mythe de Sisyphe,* p. 99.

brise les rangs de cette parade métaphysique est un ignorantin.

Bref, le suicide est soluble dans la morale, l'esthétique, le donjuanisme, la révolte, que sais-je encore ? Pour Camus, visiblement marqué sur ce point par son travail de jeunesse sur Plotin et saint Augustin, le « suicide philosophique » est donc l'adhésion à une métaphysique condamnant le suicide effectif : « Vivre c'est faire vivre l'absurde. » Le suicide est d'autant plus beau qu'il demeure une métaphore de l'absurde. On est loin des vertiges de *La chute.* Alors que pour Kirilov, ceux qui veulent se tuer « pensent beaucoup », la morale, de Descartes à Camus en passant par Spinoza, crie à l' « erreur de l'entendement » – *« vu que » (sic)* l'homme « tend à persévérer dans son être » ! Le suicide est un péché contre nature, car il contrarie la nature même de l'homme. Bravement prosaïque, Thomas d'Aquin, lui aussi, y avait vu une bonne raison, parmi d'autres, de réprouver le suicide.

Pour trouver l'approche « garantie sans *moraline* », que souhaitait Nietzsche, un acte qui ne s'efface pas derrière un jugement de valeur, mieux vaut consulter une autre source, dont le caractère fragmentaire même a valeur programmatique, car l'acte suicidaire est par dessein et par nature fragmentaire :

> Le véritable acte philosophique est le meurtre de soi *(Selbsttötung)* ; c'est là le commencement réel de toute philosophie, ce qui comble tous les besoins du disciple en philosophie ; et seul cet acte est conforme à tout ce que requiert et à ce qui caractérise une action transcendantale[1].

Autrement dit, à l'aporie du syntagme classique – « ma » mort est-elle possible ? –, qui suppose résolue la

1. Novalis, *Œuvres complètes,* vol. II : *Les fragments,* Paris, Gallimard, 1975, p. 40.

question de ce qu'est la mort[1] et procède donc par pétition de principe, l'acte philosophique du « suicide » substitue une autre condition de possibilité : il est « plus essentiellement sa propre question : le suicide est-il possible ? »[2]. Partant, il récuse l'évidence naïve d'un mourir partagé pour renvoyer la mort à son domaine d'élection, celui de la transcendance. Poser la question du suicide, c'est, par itération, poser celle du moi, du transcendantal et, *in ultime,* celle de Dieu. En ce sens, il ne saurait y avoir de théologie que du suicide. C'est bien pourquoi le « suicide » réclame des « disciples », pour emprunter ce mot à Novalis. Et, de fait, il n'en a pas manqué. Mais quels sont les « besoins » que comble cet acte ? Quel savoir singulier possèderait celui qui s'y résout ? En quoi justifie-t-il que l'acte reste à jamais unique, puisque sur ce chapitre également la christologie obéit au mode de l'unicité ? Un seul Dieu, un seul Christ, un seul suicide. Ou, si l'on craint le mot, une seule mort volontaire, pleinement assumée, quand le commun des mortels demeure voué à subir une mort, lors même qu'il prétendrait la choisir.

THÉOLOGIE DU SUICIDE

Dieu le Père ayant sauvé le fils d'un suicide, on a vu combien les garde-fous demeuraient fragiles. Le Dieu précaire de John Donne est une des réponses possibles : volontiers égotiste, il est loin d'épouser et d'épuiser toutes les possibilités de la théologie. Son refus partiel de la théologie sacrificielle – sa mort l'intéresse lui au premier

1. J. Derrida, *Apories,* p. 50 sq.
2. M. Blanchot, *L'espace littéraire,* p. 125, et *Le pas au-delà,* 1973, p. 134-135.

chef, et sa valeur rédemptrice a une dimension qui lui échappe largement – a inspiré d'autres solutions, nourri des hypothèses divergentes. Parce qu'il demeure fidèle à la doctrine de l'incarnation, John Donne sera tenté de remplacer l'idée encore trop économique de la rédemption par celle d'une mort gratuite et assumée. Et l'on est alors en droit de soupçonner, sinon des influences, des connotations origéniennes et pélagiennes. Mais si on le suit dans sa démarche, il ne restera plus alors qu'à penser l'idée du suicide du Christ comme don, ou mieux encore comme donation[1].

Pour éviter l'abomination de la théologie du sacrifice, Faust Socin, au XVIIe siècle, choisira au contraire de commencer par répudier la doctrine de l'Incarnation, partant la divinité du Christ. La question de la forme de sa mort est ainsi évacuée. Si le Christ n'a jamais été que Jésus, il n'est qu'innocente victime. Ouvrant la voie à la transformation du christianisme en religion rationnelle, sinon naturelle, Socin affirmera alors l'existence d'un homme, Jésus, dont le Dieu refuse tout sacrifice, et qui triomphe de la mort[2]. Son itinéraire apparaît comme un don fait à l'humanité, un geste altruiste. Alors qu'on ne saurait imaginer positions aussi radicalement incompatibles, l'ironie de cette affaire est que Socin et Donne se réclament tous deux de Jean : unis dans leur refus, leurs projets se situent aux antipodes. Ce n'est pas ici le lieu d'entrer dans le détail du rejet de plus en plus fort de la théologie sacrificielle. Pour le sujet qui nous occupe, on se bornera à ajouter un mot sur John Donne.

1. Suivant la distinction pensée par J.-L. Marion dans *Étant donné,* Paris, PUF, 1997.
2. Voir désormais J.-P. Osier, *Faust Socin ou le christianisme sans sacrifice,* Paris, 1996, en particulier chap. 2, « Une religion sans sacrifice ».

Récusant la morale traditionnelle en matière de suicide, le très savant casuiste qu'il était a échafaudé une théologie baroque qui confine à la gnose. S'il a réinventé le suicide, dont le Christ a fait don aux hommes, comme Socrate avait fait don du sien à la cité, il lui a donné les dimensions d'un mythe tiraillé entre baroque et psychologie. Peut-être était-il trop échaudé par la morale augustinienne pour voir ce qu'il aurait pu tirer de la théologie de l'évêque d'Hippone afin de conforter son propos. Le *De libero arbitrio* – qu'il ne cite qu'une fois – et sa problématique du plus ou moins d'être semblent lui avoir totalement échappé. En tout cas, s'il y a une christologie du suicide chez Donne, il n'y a pas de théologie du suicide à proprement parler.

Ainsi s'explique qu'il n'y ait jamais eu, à ce jour, que deux théologies du suicide : celle de la Providence païenne (l' « au-delà est parfois un meilleur séjour qu'icelui », rappelait John Donne) et celle d'Augustin, seule de toute l'histoire de la théologie d'Église, malgré le trope christo-suicidaire. Le même qui moralise et « miraculise » la mort célibataire du Christ « théologise » le suicide, qui est à la vie éternelle ce que les ombres de la caverne sont à la réalité. Autant Augustin vaticine en moralisant, autant il tend vers l'épure et le sublime en hissant la question sur un plan ontologico-théologique. Si sa métaphysique suppose une physique fondée sur le dualisme de l'âme et du corps, largement héritée d'Aristote, ce fondement n'est pas nécessaire à sa théologie du suicide. Moins impertinent, en revanche, est le lien qui rattache cette théologie à la notion de temps : il y a un avant et un après. Avant la mort du Christ et après. Avant la mort du martyr et après : la *proleptique* est l'autre nom de la théologie du suicide. Mieux encore, comme chez Camus et sans préjuger de la nature de la mort du Christ qu'Augustin a érigée en exception, la théologie exclut la pratique : la pensée du suicide, qui se veut suspension du monde, se nie dans le passage à l'acte, parce que celui-ci est négation de la possibilité même de négation qu'ouvre la pensée de la négation. Le rapport du candidat au suicide à la « valeur niée » étant unique et non substituable, nous sommes fondés, constate pareillement C. Schuwer, à « séparer rigoureusement l'expérience et l'empirisme »[1] : avec le passage à l'acte, ce que la pensée de suicide pouvait receler de positif, fût-ce à l'état de trace, sombre dans l'erreur du platement empirique.

Dans son *Traité du libre arbitre,* rédigé alors qu'il « cherchait avec fièvre d'où vient le mal » et qu'il éprouvait dans son cœur les affres de l'enfantement[2], saint Augustin entreprend de fonder la théologie du suicide sur un paradoxe, dont la morale aura d'autant plus de mal à s'émanciper qu'elle emprunte largement à l'épicurisme de la synthèse sénéquienne : le suicide révèle l'aspiration de la créature au bonheur sous la forme du repos dans l'Être assimilé à Dieu[3]. Comme chez Sénèque, la possibilité du suicide intéresse avant toute chose le bonheur[4]. C'est une « expérience de pensée, qui révèle paradoxalement le choix de l'éternité »[5]. Comme dans *La vie heureuse,* le suicidaire croit vouloir n'être rien, mais il se trompe ; il refuse le malheur auquel le condamne sa

1. C. Schuwer, *La signification métaphysique du suicide,* 1949, p. 15.
2. *Confessions,* VII, 7, 11.
3. Patrick Baudet, « L'opinion de saint Augustin sur le suicide », 1988, p. 125.
4. Voir P.-E. Dauzat, introduction à Sénèque, *La providence. La vie heureuse,* 1997, « Du bonheur au malheur et retour ».
5. P. Baudet, *loc. cit.,* p. 143.

fixation sur les biens de ce monde, et il aspire au bonheur :

> Quiconque croit qu'après la mort il ne sera plus, et cependant, assailli par d'insupportables misères, se sent porté à la désirer, s'y résout et en prend son parti, a, dans son opinion, l'erreur d'une destruction totale, et dans son sentiment, le désir naturel du repos. Or, ce qui est en repos n'est pas ce qui n'est rien, au contraire, il y a plus d'être dans ce qui est en repos que dans ce qui est agité. [...] Ainsi, tout ce désir qu'on a quand on veut mourir ne tend pas à n'être plus quand on est mort, mais à trouver le repos[1].

Dès lors, comme dit P. Baudet, force est de reconnaître que le suicidaire est le plus cohérent. Le candidat au suicide ne commet pas une erreur en éprouvant ce désir, qui est un désir authentique, ou un désir d'authentique, puisqu'il correspond à la finalité de notre nature. Mais il n'en saisit pas la signification vraie : il confond l'aspiration à la paix, à l'ataraxie, autrement dit à la plénitude de l'être, avec la soif du néant. Sa confusion vient en fait de son illusion, qui lui fait croire que le désir d'une destruction totale se confond avec le « désir naturel de repos ».

> Tandis que son erreur lui fait croire qu'il ne sera plus, sa nature lui fait désirer le repos, c'est-à-dire un supplément d'être[2].

Le malheur du suicidaire incapable de franchir le pas se résume en conséquence au sentiment qu'il a de son impossibilité « à vouloir authentiquement n'être pas », ce qui lui interdit *ipso facto* toute « expérience intime de l'Être ». La pensée du néant, dira Bergson, est un néant de pensée, mais elle est dialectiquement nécessaire à la susception de l'être. Qui n'y succombe, au moins intellectuellement, se prive d'un aperçu sur l'être.

1. *Du libre arbitre,* III, 8, 23.
2. *Du libre arbitre,* III, 8, 23.

J'avoue qu'à présent, à la vérité, j'aime mieux l'existence, même malheureuse, que de n'être point, mais cette volonté est d'autant plus légère qu'elle est malheureuse et d'autant plus malheureuse que je vois avec plus de vérité que je n'aurais pas dû en avoir une telle[1].

L'homme ordinaire, si l'on saisit bien les méandres de cette dialectique, ne saurait véritablement comprendre sa condition qu'au travers de cette expérience idéelle du suicide, « dont il n'ose vraiment envisager l'acte ». « Tel est le trait de génie, conclut P. Baudet, par lequel saint Augustin appose son sceau sur les concepts qu'il a empruntés à Plotin et à Porphyre. »[2]

Vous dites : la Vie est un Bien, l'intelligence est un Bien, et pourtant le Bien est au-delà de la vie et de l'intelligence. Et pourquoi l'intelligence serait-elle un bien ? En quoi celui qui pense les idées possède-t-il le bien par cette contemplation ? Séduit par le plaisir de cette contemplation, il se trompe peut-être, en disant qu'elle est un bien, comme il se tromperait en disant que la vie est un bien, parce qu'elle est agréable. Mais s'il n'y trouvait aucun plaisir, pourquoi verrait-il là des biens[3] ?

Pour Plotin, donc, « celui qui pense » ne verrait alors aucun bien à exister, l'existence seule ne lui serait d'aucun profit, puisque l'intérêt que l'on trouve « à exister plutôt qu'à ne pas exister » ne réside que dans l'amour qu'on « a pour soi-même ». Autrement dit, si l'on croit que l'intelligence et la vie sont des biens, c'est qu'on est sujet à la crainte de l'anéantissement. Il faudrait alors créditer le suicidant sinon d'un savoir, du moins d'une intuition sur la vérité de l'être. C'est ce chemin qu'a suivi Augustin.

1. *Du libre arbitre,* III, 7, 20.

2. E. Zum Brunn, *Le dilemme de l'être et du néant chez saint Augustin,* Paris, Études augustiniennes, 1978, chap. 2, n. 18, rappelle justement qu'Augustin ne s'inspire pas de Plotin, *Ennéades,* I, 9 [16] : « Du suicide raisonnable », qui exprime une morale populaire semblable à celle d'Épictète.

3. Plotin, *Ennéades,* VI, 7, 24, 18-30 (trad. É. Bréhier).

Mais ce qui n'est pour Plotin et, *a fortiori*, pour Porphyre qu'une clause secondaire, sinon mineure de leur pensée, relevant moins de la métaphysique que de l'éthique, passe chez Augustin au premier plan. « Au lieu d'être en rapport éloigné avec le dieu qui nous a confié un office de garde ; au lieu d'être le refuge du sage qui sait en s'ôtant la vie demeurer calme, la mort volontaire manifeste au plus immédiat de nous-mêmes le désir d'éternité, la présence de Dieu. »[1] A la limite, le suicidaire est plus lucide que le commun des mortels, en ce sens qu'il mesure le parcours qu'il lui reste à accomplir pour s'unir à Dieu.

Considère donc, autant qu'il t'est possible, le grand bien qu'est l'être lui-même *(ipsum esse)*, que désirent les malheureux autant que les heureux. Si tu y réfléchis bien, tu verras que tu es malheureux pour autant que tu demeures loin de ce qui est suprêmement *(summe est)* ; tu comprendras comment tu as pu croire que mieux vaut n'être pas qu'être malheureux parce que tu ne vois pas ce qui est suprêmement, et cependant tu veux être parce que tu es grâce à celui qui est suprêmement[2].

Le chrétien auquel Augustin moraliste enjoint de récuser toute forme de sacrifice ou de martyre intempestif est paradoxalement sommé de reconnaître dans la pensée du suicide une manifestation de ce que la nature humaine recèle de plus haut : ce qui relevait de l'éthique chez Porphyre ou Plotin devient métaphysique et, inversement, la métaphysique remplace ce qui ressortissait autrefois à l'éthique. On comprend dès lors pourquoi une métaphysique du suicide extrêmement encourageante justifie la morale la plus sévère qu'on ait jamais conçue en matière de suicide. Le suicide est à la portée

1. P. Baudet, *loc. cit.*, p. 145.
2. *Du libre arbitre*, III, 7, 20.

métaphysique du suicide ce que le Démon est à Dieu : enfer et donation.

En ce sens, Augustin aurait pu réconcilier Pline, Sénèque et la tradition évangélique, quitte à accabler aussitôt de son mépris ceux que Lactance appelait les « imitateurs de la vanité socratique ». Mais le développement de la doctrine de la grâce et la polémique contre les Pélagiens l'amèneront à faire machine arrière : « L'espérance se mire et se voit des ailes de victoire », constatait ironiquement Valéry dans ses « suicides »[1], mais, affligé d'une courte vue, le sage qui se suicide n'a du bonheur qu'une pensée aveugle. Sénèque, comme disait Lactance, aurait pu être des nôtres : las, comme Montaigne selon Pascal, « il est plein de mots sales et déshonnêtes ». Si sage soit-il, le suicidaire ne voit pas en quoi le « passage à l'acte » compromettrait sa lucidité et consommerait « l'obnubilation de Dieu par ce faux être, cette insensibilité plate, et même, ce moment abstrait qui est néant. Mais le *port de l'insensibilité*[2] ne figure sur aucune carte hagiographique »[3]. Comme dit P. Baudet, Augustin devait par la suite oublier « puissamment » les origines anecdotiques de son revirement dans la crise donatiste : « Sa théologie du suicide devient pour nous un épisode de cet oubli, sous le masque de la grâce » – d'une grâce dont la « considération ne peut évidemment donner lieu qu'au délire d'interprétation »[4]. Témoin, à quelques siècles de distance, les tergiversations des jansénistes sur le chapitre de la mort volontaire, que Pascal, en bon moraliste augustinien, tient

1. Valéry, *Rhumbs,* in *Œuvres,* II, Paris, Gallimard, « Bibliothèque de la Pléiade », 1960, p. 612.
2. *De diversis quaestionibus ad Simplicianum,* II, q. II, 12.
3. P. Baudet, *loc. cit.,* p. 150.
4. *Ibid.,* p. 151.

naturellement en abomination, quand Saint-Cyran, en bon métaphysicien augustinien, l'excuse en maintes occasions[1].

Il y aurait une intéressante page d'histoire à écrire sur la laïcisation de l'augustinisme et de sa casuistique métaphysique, dont reste passablement empêtré le discours contemporain sur le suicide. Toujours soucieux de « bien faire », et empruntant à Augustin son vocabulaire ontologique, L. Meynard veut appeler le suicide un « crime d'essence »[2], étendant « sur toutes choses l'ombre du néant ». A quoi répond, avec deux siècles d'avance, un Saint-Preux qui, en un sens, n'est pas moins augustinien : « La grande erreur est de donner trop d'importance à la vie, comme si notre être en dépendait et qu'à la mort on ne fût plus rien. »[3] Pour Werther, l'anéantissement est aussi une illusion, puisque la vie nous inscrit irrémédiablement dans l'être. Dans le *Gai savoir* (§ 121), Nietzsche en a tiré la conclusion philosophique : « La vie n'est pas un argument : parmi les conditions de la vie pourrait figurer l'erreur. » Le suicide apparaît pour la pensée ce qu'il est pour la vie, un cas limite qui, rappelle C. Schuwer, s'accommode malaisément des impératifs moraux, si catégoriques qu'ils fussent.

En fin de compte ce qui affranchit le suicide de la catégorie morale, c'est l'obligation où il nous place de séparer droit et devoir, d'isoler définitivement son droit. Le suicide est le droit qui n'a pour corrélatif aucun devoir. Ici le droit est absolu ou il n'est pas[4].

1. Cf. Bayle, *Dictionnaire historique et critique,* Genève, Slatkine Reprints, XIII, 1969, art. « Saint-Cyran », et L. Kolakowski, *Dieu ne nous doit rien,* Paris, Albin Michel, 1997, Première Partie.
2. L. Meynard, *Le suicide,* 1970, p. 89.
3. J.-J. Rousseau, *La nouvelle Héloïse,* III, lettre 21.
4. C. Schuwer, *op. cit.,* p. 81.

Autrement dit, le droit au suicide ne « s'inscrit en aucune donnée empirique » : il fonde le fait et en cela il est absolu. Traquons le nominalisme dans ses derniers retranchements, et il devient une forme de la grâce.

Mais le même délire d'interprétation qu'autorise la doctrine de la grâce a aussi inspiré, paradoxalement, une autre quête – celle de « l'acte pur » ou du « suicide pur »[1] – en transposant la casuistique de l'univers de la morale à celui de la métaphysique, voire de la théologie. Étant entendu que la sagesse du sage cesse où s'arrête la contemplation pour le passage à l'acte, il ne peut y avoir de suicide qu'unique. Un seul peut le faire, et s'il le peut, c'est qu'il est Dieu, que la mort et l'anéantissement n'ont pas de prise sur lui. C'est en effet sur les bases de la théologie augustinienne du suicide que va se construire la casuistique métaphysique, et non plus éthique, du suicide dans le devenir-dieu de l'homme. Et, dans l'histoire de la littérature universelle, ce duel singulier, affranchi de toute considération morale, a désormais un nom : Kirilov contre le Christ.

Dressant un constat d'échec devant la facilité toute bourgeoise avec laquelle, après la Rédemption, on persiste à prendre ses petites aises jusque dans la mort, Kirilov réclame le droit absolu au suicide : il a la grâce. A plus d'un titre, sa recherche d'un suicide pur, c'est-à-dire fondateur, marque l'apogée d'une longue quête commencée près de deux mille ans plus tôt, sur la Croix. Du moins est-ce ainsi qu'il l'entend, tout comme Dostoïevski lui-même, dont l'œuvre se lit fructueusement comme une casuistique du suicide.

1. P. Morand, *L'art de mourir,* Paris, L'Esprit du Temps, 1992, p. 27.

ACTUS PURUS : LA LEÇON DE CHRISTOLOGIE DE KIRILOV

S'il faut à tout prix dresser une typologie des suicides, on la cherchera plus volontiers du côté de Dostoïevski que de M. Halbwachs et d'É. Durkheim : du suicide rationaliste au suicide chrétien en passant par le péché d'envie qu'inspire la Passion et le suicide-repentir, tous sont représentés. L'un des portraits les plus mémorables est sans conteste celui qu'a inspiré à l'auteur des *Démons* le suicide de la fille d'Herzen. Dans « Une sentence »[1], le suicidé par ennui dresse un procès-verbal du monde : « vu que » la nature laisse tellement à désirer et qu'elle ne reconnaît à quiconque le droit de lui demander raison, « vu que » les choses étant ce qu'elles sont, elles ne sont pas comme si elles avaient été autrement, vu que « je trouve cette comédie, de la part de la nature, parfaitement stupide, et que j'estime même humiliant, pour ma part, de la supporter », « je condamne ladite nature [...] à la destruction en même temps que moi-même ». C'est un suicide de nature grossière, commente Dostoïevski, mais en révolte contre la « bêtise du réel » : une mort de « froide ténèbre et d'ennui ». « La nature ne trouve pas d'issue au labyrinthe des forces confondues, contradictoires, alors il faut mourir », écrit aussi Werther.

Un deuxième cas de figure étonne davantage et n'est pas sans précédent. Dans son *Pélicanicide* (1652), Sir William Denny évoque en effet, avec force cris d'orfraie, l'exemple d'un homme qui se pendit la Bible ouverte

1. Dostoïevski, *Journal d'un écrivain,* Paris, Gallimard, 1972, p. 725-728. Voir aussi « D'un suicide et d'une attitude supérieure », p. 820-823.

devant lui, un billet indiquant qu'il s'était repenti. Naturellement il se récrie d'horreur, même si la casuistique était loin d'être aussi formelle et intraitable qu'il veut bien le dire sur le destin posthume du malheureux. Un même fait divers singulier inspire l'une des plus belles nouvelles du romancier russe, « La Douce »[1], laquelle va à la mort en « serrant dans ses mains une icône » : « suicide humble, résigné », observe-t-il avec un attendri mélange de commisération et de révérence. « Ni murmure ni récrimination : simplement, vivre était devenu impossible, "Dieu n'avait pas voulu", et elle est morte après avoir prié. » Elle attendait le signe de Dieu, qui n'est pas venu. « Il aurait fallu un moment de plus pour que la mort vienne, mais une main nue alors est venue qui a pris la mienne », chante Aragon. Cette main ne s'est pas tendue : il s'en est fallu de cinq minutes dans la nouvelle de Dostoïevski : qu'importent les pénitentiels, « cette âme humble et douce, qui s'est donné la mort, cela tourmente la pensée malgré qu'on en ait »[2]. Et Dostoïevski en restera à jamais fiévreux.

Plus convenu, le troisième portrait de suicidaire est celui de Dimitri Karamazov, qui, relayé par le héros de la nouvelle d'Hector Berlioz et le Gide des *Faux-Monnayeurs,* envisage un suicide par enthousiasme, dans un transport de joie, comme un signe d'allégresse. Projet commun, qui est cependant un passage obligé de la quête éperdue de l' « acte pur ». Mais il est rare que les bonnes intentions ne se perdent pas dans les raisons de vivre, à tout le moins de « faire vivre l'absurde » *(resic).*

Reste un quatrième « type » qui reprend toutes les autres formes de suicide – suicide par ennui, par déses-

1. Voir Dostoïevski, *Journal d'un écrivain,* « Deux suicides », p. 722-725 et 750-796.
2. *Ibid.,* p. 725.

poir, par foi et par enthousiasme – pour en proposer une apothéose. Kirilov n'ignore rien des raisons qu'on peut avoir de choisir la mort, et il sait la douleur de ceux qu'un chagrin y a conduits prématurément. Le suicide qu'il envisage, et qui est au centre des *Démons,* échappera à la tyrannie de la statistique : il sait bien que des millions l'ont précédé dans la mort. Il va donc construire un suicide unique, partant il deviendra l'unique Dieu, et le destin du monde en sera changé : la construction même de son geste révèle d'étranges affinités avec la trajectoire christique au point qu'on est fondé à parler d'« idéal-type ».

Pourtant, quand on quête une figure du Christ sous la plume de Dostoïevski, dont l'œuvre apparaît comme une déclinaison de la christologie sous toutes ces formes, on va plus volontiers chercher le Christ dans *L'idiot* que dans les *Démons*. Ainsi de Hans Urs von Balthasar qui, dans *La gloire et la croix*[1], prétend un peu vite que ce personnage incarne et résume l'« essence du christianisme ». Après le « Christ comme l'idiot » ou le « Christ comme le fou », il est pourtant, dans les *Démons,* un « Christ comme le suicidaire », qui aura échappé au très savant théologien.

Tout commence donc par un sibyllin échange entre Piotr Stépanovitch et Kirilov, hautes crapules devant l'Éternel : « Je me rappelle vaguement qu'il s'agissait de Dieu... Vous me l'aviez expliqué une fois, deux fois même. Si vous vous tuez vous deviendrez Dieu, c'est bien ainsi ? – Oui je deviendrai Dieu. »

> « Si Dieu n'est pas, je suis Dieu.
> — C'est précisément ce point que je n'ai jamais pu comprendre chez vous : pourquoi êtes-vous Dieu ?

1. H. U. von Balthasar, *La gloire et la croix,* IV, 2, Paris, Aubier, 1982, p. 236-245.

— Si Dieu est, toute la volonté lui appartient et en dehors de sa volonté je ne puis rien. S'il n'est pas, toute la volonté m'appartient, et je dois proclamer ma propre volonté. [...] Est-ce possible qu'il n'y ait personne sur toute la planète qui, après avoir tué Dieu et croyant en sa propre volonté, ose proclamer cette volonté sous sa forme suprême ? [...] Je dois me brûler la cervelle, parce que la manifestation suprême de ma volonté, c'est le suicide. »

Ainsi parle Kirilov[1], dont on a fait, au moins depuis Camus, le type même du « suicide métaphysique »[2], l'incarnation du « drame de l'humanisme athée » (De Lubac). « Le suicide de Kirilov devient donc mort de Dieu », commente Maurice Blanchot[3]. De même, pour Landsberg, Dostoïevski « a exprimé sous une forme pure, dans ce personnage, le motif peut-être fondamental de la tentation du suicide »[4] : qui ose se tuer est Dieu ! Même si les moralistes s'empressent de l'accabler d'un soupçon de ressentiment : s'il se tue, c'est dans le secret dépit de n'être point Dieu.

Qui lit les *Carnets des démons* ne saurait pourtant conserver le moindre doute sur les intentions de Dostoïevski pour le personnage de Kirilov : présenter un double athée du Christ en expliquant à quoi ressemblerait l'entreprise de rédemption si Dieu n'existait pas, de même que, inspiré par Holbein, il s'était à diverses reprises essayé à repérer le cadavre derrière le corps de résur-

1. Dostoïevski, *Les démons,* Paris, Gallimard, « Bibliothèque de la Pléiade », 1955, p. 644-650, et les *Carnets, ibid.,* p. 1088-1089.
2. Kirilov n'étant, chez Dostoïevski, qu'un représentant parmi d'autres de cette théologie : voir aussi l'Hippolyte de *L'idiot,* Paris, Gallimard, « Bibliothèque de la Pléiade », p. 501-505. Il raisonne en termes de « Providence » et s'exprime comme Hume et Voltaire : « Est-il possible que quelqu'un là-haut soit réellement offensé de ce que je ne veuille pas attendre des semaines de plus ? » (p. 503). Dans les *Frères Karamazov,* Ivan, « l'athée », tient le même langage.
3. M. Blanchot, *L'espace littéraire,* Paris, Gallimard, 1955, p. 117.
4. P.-L. Landsberg, « Le problème moral du suicide », p. 120.

rection. Sans celle-ci, le corps de crucifié demeure à jamais une sinistre charogne. « Se sacrifier immédiatement pour la vérité », écrit-il dans un projet de préface, avant d'évoquer un suicidé qui « croyait en sa vérité » : toute la question est alors de savoir « ce que l'on considère comme la vérité »[1], écrit-il en écho au « Qu'est-ce qui est vérité ? » de Pilate à l'adresse du Christ (Jn 18, 38).

Par son cynisme comme par son obstination à se tuer, à être le « premier », Kirilov, à première vue, ressemble étrangement à Pérégrinos, c'est-à-dire à un farceur. Mais cet air de famille apparaît bien vite comme un leurre, car le référent ultime de Kirilov est autrement plus conséquent. Le Christ étant l' « idéal incarné », tout est, selon lui, à recommencer si ce n'est qu'un mensonge[2]. « L'idée de se tuer paraît incroyablement neuve à celui qui en est possédé ; il s'imagine donc exécuter un acte *sans précédent* »[3], explique Cioran. Kirilov fait sans conteste partie de cette race des « possédés ». Pour lui qui aspire à une « liberté que rien ne conditionne » *(eine unbedingte Freiheit)*[4], le suicide reste une idée neuve en Occident : plus exactement, après l'échec du Christ, dont l'icône de sa chambrette est honorée d'une veilleuse, il reste à inventer. « Pour lui, personne encore ne s'est tué : personne ne s'est donné la mort par un don véritable, par cette générosité et cette surabondance du cœur qui ferait de cet acte une action authentique »[5], au sens où l'entend Novalis. Si, par le choix de sa mort, il

1. Dostoïevski, *Les démons,* p. 1089.
2. Voir M. Henry, *C'est moi la vérité. Pour une philosophie du christianisme,* Paris, Seuil, 1996.
3. Cioran, Rencontres avec le suicide, in *Le mauvais démiurge,* 1969, p. 74.
4. Goethe, *Les années d'apprentissage de Wilhelm Meister,* liv. VIII, chap. 3.
5. M. Blanchot, *op. cit.,* p. 119.

rend la mort possible, s'il invente le suicide, il ouvrira la porte de la vie éternelle, que le Christ avait promise au larron sans pouvoir honorer sa promesse.

L'attitude kirilovienne prend un relief supplémentaire quand on la rapporte à l'analytique heideggérienne du trépas. Au § 47 d'*Être et temps,* en effet, Heidegger rappelle indirectement le sophisme de la distinction entre sacrifice et suicide : on ne saurait mourir pour l'autre au sens de mourir à sa place, même s'il est toujours possible, rhétoriquement serait-on tenté d'ajouter, de faire offrande à autrui de sa mort. « Dans son essence, la mort est, pour autant qu'elle "est", chaque fois à moi. »[1] Si l'on convient avec Derrida qu'on « ne peut penser un don de soi qu'à mesure de cette irremplaçabilité », la conclusion s'impose : il n'est que dans la théologie chrétienne qu'il est permis à un homme de mourir pour les autres, à leur place, et encore est-ce uniquement parce que cet homme est Dieu, aussi vrai que Jésus est Christ. Peut-être, suivant la formule docétiste, est-ce uniquement le « devenant-dieu » qui meurt à la place du Dieu fait homme pour éviter à celui-ci une mort annoncée. Et c'est rétrospectivement, s'il finit un jour de mourir, bref qu'il ressuscite, qu'on peut dire si, oui ou non, la place est prise. Dans le cas contraire, il n'aura été qu'un imposteur, quelle que soit la part de sublime qu'on voudra bien lui reconnaître.

Quoi qu'il en soit, Kirilov sait bien, comme Heidegger, cette impossibilité de mourir pour autrui. Comme le Christ de John Donne, il va donc mourir pour lui et par lui, prendre sur lui tout l'horizon du *Dasein.* « Personne

1. M. Heidegger, *Être et temps,* trad. Fr. Vezin, Paris, Gallimard, 1986, p. 293-294, trad. légèrement modifiée. Voir l'exégèse de J. Derrida, « Donner la mort », 1992, p. 45 sq.

ne s'est tué » avant le Christ, puisque le tombeau est resté plein. L'hybride homme-dieu ne lui a pas réussi. Kirilov va donc tenter une autre expérience. « Personne ne s'est tué » avant lui : se sachant pleinement homme, il va assumer toute la mort des hommes, pour devenir pleinement Dieu. Le Christ croyait que la mort a été donnée par Dieu : son suicide était une manière de la reprendre. Par le suicide du Christ, Dieu reprend ce qu'il a donné. En bon théologien athée, Kirilov pense au contraire que les hommes choisissent de vivre une vie dont la mort est l'horizon. La mort est prise de toute éternité. Il va la reprendre sur soi pour la rendre au Dieu qu'il va devenir. Comme pour le Christ, Dieu se prouve en se tuant, mais il n'existe qu'une fois mort : « Un seul doit absolument se tuer, le premier ; sinon qui commencerait et prouverait ? C'est moi qui me tuerai pour commencer et prouver. Je ne suis encore Dieu que malgré moi. »

« Dieu est nécessaire, et par conséquent, il doit exister.
— Parfait.
— Mais je sais qu'il n'existe pas et qu'il ne peut exister.
— C'est plus probable.
— Est-il possible que tu ne comprennes pas que l'on puisse se tuer pour cette seule raison ? Tu ne comprends pas qu'il puisse y avoir un homme, un seul parmi vos millions d'individus, qui ne pourra le supporter et ne voudra plus vivre ? »

Quand on sait la théorie sans fin de ceux qui ont succombé à la « tentation d'exister » pour honnir aussitôt la condition de mortel et médire de la vie, on s'étonnera volontiers, en effet, qu'il ne s'en soit trouvé un seul à embrasser la perspective. Et Kirilov d'ajouter : « L'idée la plus haute, pour moi, c'est que Dieu n'existe pas. L'histoire de l'humanité tout entière me rend témoignage. Jusqu'ici l'homme n'a fait qu'inventer Dieu pour vivre sans se tuer [...]. Moi seul, pour la première fois dans l'histoire du monde, j'ai refusé d'inventer Dieu. »

Il va donc le devenir. Ou plutôt, par le suicide, il va se réinventer comme Dieu. Il va se faire fils de l'homme pour mieux proclamer sa paternité. Albert Camus a bien vu[1] que, si Kirilov récuse le dieu-homme, ce n'est pas animé d'un souci de se distinguer du Christ, mais pour mieux l' « annexer ». Le plus troublant, c'est en effet que Kirilov croit encore en Christ, en « Lui », devant lequel il s'arrête « comme en extase », même si le miracle promis ne s'est pas réalisé. Il n'existe ni paradis ni résurrection. *« Celui-là »* même a été obligé de vivre dans le mensonge, insinue-t-il sur un ton de tristesse sans nom. « Le miracle, c'est précisément qu'il n'a jamais existé, qu'il n'existera jamais d'homme tel que lui. » Le Christ de Kirilov est, sinon le même que celui de Jean Paul, son frère : « Il n'est pas le Dieu-homme, mais l'homme-dieu », « crucifié et dupé »[2].

Le nœud de la christologie kirilovienne est précisément dans ce glissement subreptice du Dieu au Christ. Car ce que Dostoïevski laisse entrevoir, sans courir le risque du blasphème, c'est l'ambition secrète de Kirilov : devenir non plus Dieu, auquel la « bêtise du réel » permet difficilement d'accéder, mais le Christ, la rhétorique de la volonté inspirée de Stirner cédant alors le pas à une rhétorique du salut. Bien davantage qu'un Dieu affirmant très banalement l'absoluité de sa volonté, Kirilov va faire œuvre rédemptrice.

Prendre conscience de l'inexistence de Dieu et ne pas prendre conscience en même temps de sa propre divinité, c'est absurde, car autrement on doit se tuer.

1. A. Camus, *Le mythe de Sisyphe*, p. 184.
2. *Ibid.*

Justement, Kirilov sait, quant à lui, et l'inexistence de Dieu et sa propre divinité, et il va – quand même – se tuer. C'est là son paradoxe, et probablement le dernier refuge de son hubris. Pour la première fois, Dostoïevski introduit une réserve et pointe la contradiction : car c'est parce qu'il a conscience de sa divinité que Kirilov va se tuer. De même arrivera-t-il au Christ des Évangiles, à la dernière heure, et de douter de son Père et d'affirmer sa divinité en promettant au bon larron le paradis pour le soir même. Mais mourir en Christ n'est pas si facile. « Pour Kirilov comme pour Nietzsche, observe justement Camus qui ici, suivant un glissement devenu classique, de Nietzsche à Tertullien, confond cependant allègrement Dieu et le Christ, tuer Dieu, c'est devenir Dieu soi-même »[1], réaliser la vie éternelle ici-bas, car si l'existence est mensongère, elle est aussi éternelle. Comme le Christ, Kirilov a dû mal à mourir. « J'ai affreusement peur », confesse-t-il : loin qu'il s'agisse « de montrer dans l'athéisme militant un rêve de folie », on pensera plutôt à Gethsémani, à la tristesse à la mort du Christ, au Christ du « Père, éloigne de moi ce calice ». Mais Kirilov s'est alors à ce point identifié au Christ, il a poussé si loin l'imitation, que le geste suicidaire qu'il s'est promis d'accomplir devient son dernier acte de foi. Toute sa croyance s'est, bien malgré lui, résorbée dans ce geste. La foi qu'il dénonçait avec véhémence, il a bien du mal à la refouler :

> Je suis obligé de croire que je ne crois pas. Je commencerai et j'achèverai, et j'ouvrirai la porte. Et je sauverai. Cela seul sauvera tous les hommes et les transformera physiquement dès la génération suivante.

Comme le Christ, Kirilov se veut donc un dieu d'amour qui ouvrira la voie royale : la transformation

1. *Ibid.*

charnelle de l'homme. Son suicide est « pédagogique », conclut heureusement Camus[1] : il indique qu'il reste une possibilité de vivre une vie dont on ne meurt pas, mais il faut commencer par assumer pleinement le réel. Seul l'amour du prochain le poussant maintenant à la mort, Kirilov peut bien endosser avant son suicide toutes les turpitudes qu'on voudra, prendre sur lui le crime qu'il a perpétré avec d'autres, se dire complice de tous les méfaits, comme le Christ a endossé le péché du monde. Kirilov se sacrifie donc lui aussi, même si ce sacrifice est rapporté : il reste exclu de l'intention première. « Mais s'il est crucifié, ajoute Camus, lui au moins ne sera pas dupé » : pour le Christ comme pour lui, la mort n'a pas d'avenir. Où le Christ a raté, Kirilov va réussir. A l'instar de Jésus à Gethsémani, « il sent de quelle façon les époques entières de l'histoire se décident en lui [...] et comment tout tient en sa main comme s'il était l'unique »[2]. Cette conviction de Kirilov – « que ce suicide inaugurera une ère nouvelle, sera la ligne de partage de l'histoire de l'humanité et que précisément, après lui, les hommes n'auront plus besoin de se tuer, car sa mort, en rendant la mort possible, aura libéré la vie, l'aura rendue pleinement humaine »[3] – n'est pas si étrange que l'insinue Maurice Blanchot dès lors qu'on ne perd pas de vue le référent christique lourdement souligné par Dostoïevski lui-même. Kirilov veut être le « premier né des morts » que le Christ n'a pas su être. Et si « Dieu joue son existence dans cette mort libre qu'un homme résolu s'assigne », ce n'est pas non plus sur le mode du « ôte-toi de là... » que croit entrevoir le

1. *Ibid.*, p. 185.
2. M. Scheler, Le phénomène du tragique, in *Mort et survie*, 1952, p. 136.
3. M. Blanchot, *op. cit.*, p. 117.

critique, fâcheusement enclin à confondre le Dieu de Kirilov avec celui du Feuerbach des *Pensées sur la mort et l'immortalité* : il faut, au contraire, que Dieu meure pour se prouver, comme le Zarathoustra du « je vous recommande ma mort, qui vient à moi parce que je le veux ». Le « voici venu l'instant de prouver par l'acte que l'humaine dignité ne le cède en rien à la grandeur divine » de Werther est aussi celui de Kirilov, même s'il emprunte son langage à Nicolas de Cues et à Pic de la Mirandole, c'est-à-dire aux chantres de « la dignité de l'homme ».

Que les derniers instants de Kirilov tournent à la foirade et que Kirilov, désormais proche de la démence, ait besoin du secours de comparses pour en finir ne fait que marquer la revanche de la morale sur la théologie. On ne joue pas impunément au Christ. L'ordre du monde exige que le Christ soit mort il y a deux mille ans. Sans quoi, tout n'aurait été que mensonge : le Grand Inquisiteur rejoint ici la morale. L' « acte pur » demeurera à jamais unique, même si la question de son imputation demeure irrésolue.

QU'EST-CE QU'ON TUE QUAND ON SE TUE ?

La diversité des suicides est si grande, l'éventail des ambitions si ouvert, qu'il est difficile de subsumer sous une appellation commune tant de « passages à l'acte ». Les valses-hésitations de Kirilov ont au moins le mérite de mettre en évidence la part d'arbitraire de toute désignation. L'appellation demeure aussi fuyante que le concept. Et comme tout choix terminologique suppose tantôt une métaphysique tantôt une anthropologie, force est de conclure que le mot choisi pour désigner le suicide porte une trace de ce que l'on tue quand on se tue : si le sage aspire à en finir avec sa conscience malheureuse et s'efface, l'enthousiaste embrasse l'éternité, le suicidé par ennui récuse la « bêtise », la « Douce » se résigne, et Kirilov devient Dieu. Mais se tue-t-on vraiment quand on renonce, quand on se résigne, quand on s'efface ou quand on promet la vie éternelle ? Comme Dostoïevski le laisse entrevoir au terme de cet épisode fameux, l'efficace du choix extrême demeure douteuse, car si la mort est certaine, la vie l'est beaucoup moins.

Depuis saint Augustin au moins, le péché est cette propension de l'homme à se détruire : de l'*homo mortalis,* elle fait un *homo moriturus.* Adam croquant la pomme commettait un geste suicidaire : de simple possibilité, il a fait de la mort une nécessité. La mortalité cesse d'être un pouvoir-mourir pour devenir un devoir-mourir[1]. Autrement dit, chez Augustin, la Chute était suicidaire, car elle a tué en l'homme son « pouvoir ne pas mourir ». Ce que John Donne résume en ces termes : « Nous ne pouvons nous tuer parce qu'il nous a tués tous. »[2]

Loin de ces cimes augustiniennes et des eaux croupies du péché, une autre appellation de la mortalité humaine volontaire inaugurée par Adam mérite d'être signalée pour bien mesurer la portée du geste suicidaire, qu'on choisisse l'épithète kirilovienne ou christique : on la trouve sous la plume de Bossuet[3]. « Adam a été le parricide de soi-même et de tous ses enfants qu'il a égorgés

1. Cf. J.-L. Chrétien, « Pouvoir mourir et devoir mourir... », 1982, p. 73-74, 75, 77.

2. J. Donne, Tout se tue, in *Paradoxes et problèmes,* trad. P. Alferi, Paris, Allia, 1994, p. 13.

3. Bossuet, *Élévations sur les mystères,* éd. Dreano, Paris, 1962, p. 177.

non dans le berceau, mais dans le sein de leur mère et même avant leur naissance. » En l'occurrence, le réfléchi tient de l'oxymore caractérisé : à la lettre, il faudrait s'être auto-engendré pour être le parricide de soi-même, puisque ce parricide est d'abord un homicide de soi-même. En toute rigueur, se suicider semble être « tuer un autre que soi », fût-ce ce « je » qui « est un autre ». Plus prosaïquement, l'homme ne s'étant pas procréé par soi-même, on en est réduit à penser que la mort volontaire adamique a été, pour le premier homme, une manière de tuer le Père en lui, voire de tuer le Père. De fait, en bonne théologie comme en bon freudisme œdipien, pécher c'est rompre avec le père.

Mais cette interprétation n'est pas la seule possible. Suivant le syllogisme divin esquissé dans les premières pages, se suicider c'est poser une équation entre sa fin et ses origines, c'est se réapproprier celle-ci en s'auto-dérivant, comme diront les romantiques frottés à la philosophie transcendantale. Dès lors, le mot de Bossuet signifierait l'impossibilité même du geste suicidaire : en succombant à la tentation, Adam a choisi la mort pour être égal à Dieu ; c'était une manière de vouloir être son propre père, à la manière de ces mères filles de leur filles d'Apollinaire[1]. Se faisant père, il se condamnait à la mort qui lui était promise s'il goûtait au fruit défendu, d'où le « parricide de soi-même ». La geste du Christ est passible de la même analyse, pour peu qu'on en fasse une lecture matérialiste. La mort volontaire du Christ serait une manière d'en finir avec le Père : le Dieu-homme se fait homme-Dieu. L'hérésie était séduisante, elle eut ses sectateurs.

1. Voir la subtile analyse de Cl. Lévi-Strauss, Une petite énigme mythico-littéraire, in *Le regard éloigné,* Paris, Plon, 1983, p. 291-299.

Quel mot aurait employé Bossuet s'il avait eu connaissance de ces vers de Milton, au livre X du *Paradis perdu,* quand, après avoir croqué la pomme, Ève suggère à Adam de se soustraire à la souffrance, au châtiment et à la mort ?

> Des multiples façons de mourir, de choisir la plus brève,
> De détruire la destruction par la destruction !

Las, Adam lui déconseille de s'obstiner contre Dieu et lui suggère de consentir au juste joug. Mais y avait-il un avenir pour l'homicide de soi-même après le parricide de soi-même ? Au terme de ce rapide tour d'horizon terminologique, force est de constater que l'absence de mot unique spécifique pour désigner la mort volontaire aura été un refuge commode pour éviter de regarder la chose en face. Mais, sauf à se rabattre sur un nominalisme étriqué, on doit aussi admettre que le concept et le « travail du concept » sont bien antérieurs à l'invention du mot. A moins d'en conclure que la chose est impossible, le concept aussi : le réfléchi suppose la coexistence simultanée de la mort et du soi. Or, suivant le syllogisme épicurien bien connu, quand le soi est là, elle n'est pas, quand la mort est là, le soi n'est plus. Ou encore, après avoir été « présence absente », la mort est « absence présente »[1]. Sauf à subodorer, comme Gémisthe Pléthon, ce néo-païen byzantin du XVe siècle, que le moi qui tue n'est pas tout à fait le même que le moi tué (une fois de plus « je est un autre ») :

> Quand on voit certains hommes se donner la mort, on comprend bien clairement que ce n'est pas la partie mortelle de notre être qui se tue elle-même, mais que c'est l'acte d'une partie différente et meilleure qui ne peut périr avec le corps[2]...

1. P.-L. Landsberg, *op. cit.,* p. 34.
2. Gémisthe Pléthon, *Traité des lois,* Paris, Vrin-Reprise, 1982, p. 249.

On reconnaît ici la lecture qu'Augustin a faite de Plotin, à ceci près qu'il n'y a plus de morale pour réprouver l'acte. Alors qu'envisager l'acte suicidaire était pour Augustin le signe d'une intelligence lucide, qui se fourvoyait en imaginant pouvoir conclure (pour lui comme pour Flaubert, « seuls les imbéciles concluent »), le passage à l'acte devient ici sans grande conséquence. Ce que l'on tue n'a pas tant d'importance. Mieux encore, cet acte étant celui d'une partie « meilleure », il faut envisager une métaphysique positive, une fécondité du suicide.

A l'opposé, Heidegger soutient que c'est le néant qui est à l'origine de la négation et non l'inverse[1]. Seul, donc, le néant néantit, parce qu'il est consubstantiel à l'être, positivité même. Dès lors, le suicide est dépouillé de toute signification métaphysique, puisqu'il ne remet nullement en cause le vivre pour la mort : « Le suicide, conclut C. Schuwer, ne saurait donc rien ajouter ni retrancher. En tant qu'acte séparé, il adopte la forme de l'événement. »[2] Le suicide est un faux-semblant : « Nous arriverions même toujours trop tard en croyant d'une négation faire résulter le Néant. C'est avant *cela* déjà que le Néant survient. »[3] L'homme n'est que la « sentinelle du Néant ».

> Notre *finitude* est telle que précisément ce n'est ni par notre décret, ni par notre propre vouloir que nous pouvons nous mettre en la présence originelle du Néant. Le *finitif* de cette finitude creuse et ouvre un tel abîme dans la réalité humaine que la finitude la plus profonde, celle qui nous est absolument propre, *se refuse* à notre liberté[4].

1. M. Heidegger, Qu'est-ce que la métaphysique ?, in *Questions I et II*, Paris, Gallimard, 1993, p. 65.
2. C. Schuwer, *op. cit.*, p. 36.
3. M. Heidegger, *loc. cit.*, p. 61.
4. *Ibid.*, p. 66-67.

En d'autres termes, le suicide n'affecte aucunement notre expérience du néant. L'être « s'historialisera » sans nous. Ainsi est réintroduit le temps, par lequel le néant est constitutif du *Dasein.* « C'est l'ontologie du ver dans le fruit. On peut souhaiter une philosophie de la mort qui n'ait pas cette odeur de cadavre. »[1] Le suicide n'est qu'un « événement » : « Son auteur a toujours tort, comme un enfant qui veut s'émanciper », faudrait-il conclure avec l'*Athenaeum*[2].

Schopenhauer ne dit pas autre chose quand il prétend que la destruction de soi n'atteint pas « l'essence » du monde, qu'elle ne saurait remettre en cause l'ordre « nouménal ». Le paradoxe demeure cependant que ce dédoublement du soi, que ménage l'illusion de qui croit affecter le destin du monde en se supprimant, est une manière de rendre à nouveau le suicide possible, mais ce suicide-là sera, plus qu'une simple mort, une apothéose. Le monosandalisme d'Empédocle et le monothéisme de l'Empédocle chrétien (Manuel de Diéguez), du *deus homo,* pour parler comme saint Anselme, supposent au fond la même métaphysique, sinon de la vie, du moins de la mort, où le suicide est attelé aux mêmes fins et justifie l'exception divine : « Car si la donnée du suicide est généralisable, comme tout ce qui est humain, le suicide lui-même, en tant qu'acte constituant d' "un" être, échappe à toute susception et surmonte tout concept. Il est ce qui, dans ce généralisable, n'est pas généralisable, c'est-à-dire ne livre pas son essence dans la généralité. »[3] C'est bien pourquoi la solitude de Dieu est l'autre nom de la théologie du suicide : le Christ, Wer-

1. C. Schuwer, *op. cit.,* p. 40.
2. Ph. Lacoue-Labarthe et J.-L. Nancy, *L'absolu littéraire,* Paris, Seuil, 1978, p. 99.
3. C. Schuwer, *op. cit.,* p. 150.

ther, Faust, Caroline von Günderrode[1], Heinrich Kleist et Henriette Vogel, Kirilov, Sylvia Plath, « le suicidaire » de J.-L. Borges, mais aussi Ian Palach, ils ne sont pas si nombreux à avoir choisir cette voie solitaire.

QU'EST-CE QU'ON DONNE QUAND ON SE DONNE LA MORT ?

Si, en conséquence, ce qu'on tue quand on se tue demeure incertain, irrémédiablement voué à l'illusoire, c'est sans doute que la question du suicide a été mal posée. Il semble, dès lors, qu'il faille l'arracher à l'empire de la négativité, pour lui reconnaître la positivité dont la théologie a jusqu'ici fait l'apanage de la mort divine : « La présence de la mort en Dieu n'est pas manque mais excès, n'est pas défaillance mais don »[2], suggère la christologie postmoderne. Par « mort », il faut entendre, on l'a vu, la mort volontaire du Christ en Croix, et par don, le don de la vie éternelle *via* la résurrection. Puisqu'on vous le dit, autant en profiter : c'est *gratuit.* La mort en prime, un cadeau, vous dis-je. Et l'on a vu que la théologie kirilovienne ne récusait aucunement cette générosité : son geste se veut également empreint de cette « surabondance du cœur » qu'a bien perçue Maurice Blanchot. Si l'on met donc entre parenthèses l'*exceptio christi,* la question de ce que l'on tue quand on se tue demande à être reformulée pour devenir : qu'est-ce

1. Voir C. von Günderrode, *La faim, nous l'appelons amour,* trad. B. Badiou et J.-C. Rambach, Aix-en-Provence, Alinea, 1985, et le visage bouleversant qu'Angela Winkler prête à la jeune suicidée dans le film de Margareth von Trotta.
2. J. Moingt, Gratuité de Dieu, *Recherches de science religieuse,* 83, n° 3, 1995, p. 351.

qu'on donne quand on se donne la mort, dès lors qu'il n'est plus assuré qu'on se donne la mort puisqu'il est douteux qu'on se tue soi-même quand on se tue ?

Déjà, dans sa confession écrite à l'évêque Tikhone, Stavroguine le confessait sans détour : « Je sais que je devrais me tuer, me faire disparaître de la surface de la terre comme un vil insecte, mais j'ai peur du suicide, car j'ai peur de montrer de la grandeur d'âme » ; ou encore : « J'ai peur du suicide car je crains de manifester de la générosité. »[1] Soit !

L'existence nous est donnée, nous la détenons sans nous l'être donnée, c'est entendu. Le *hic* est que ce simple « don » justifie une morale de pacotille : au lieu de dire la « mort, je suis contre », et d'en tirer la conséquence, on préfère dire, la vie, c'est pas joli-joli, mais la mort ne nous appartient pas : ainsi tranche la morale augustinienne, ou la morale populaire, comme préfère l'appeler A. Bayet en l'opposant à la morale aristocratique. Donc, choisir la mort est mal. C'est « tricher »[2], glisser dans la désuète métaphysique de l' « inauthentique » heideggerien !

Tous les moralistes, en dignes héritiers de la doctrine classique du martyre, vous le diront : il faudrait distinguer l'acte de se donner la mort et l'acte d'offrir sa vie. Sous-entendu, ils ne sauraient se confondre que dans la vie du Christ, et encore ! Dans leur commentaire du *Cur Deus homo* de saint Anselme, les éditeurs, glosant sur la nature du don offert à l'humanité par l'incarnation, croient en effet bon de préciser que ce pouvoir de « donner sa vie [...] n'est pas le pouvoir de se donner la mort, puisqu'un tel pouvoir ne serait qu'impuissance devant

1. Dostoïevski, *Les démons,* p. 1103 (Carnets).
2. L. Meynard, *Le suicide,* 1970, p. 29.

l'idée de la puissance arbitraire et perverse, mais le pouvoir de donner sa vie comme vie que nul ne peut enlever ni arracher »[1]. S'il en était autrement, le premier suicidaire venu pourrait légitimement se promettre d'être Dieu. On aura reconnu la terminologie kantienne de *La religion dans les limites de la simple raison.* Puis ils ajoutent que le « Dieu-homme ne peut mourir qu'au titre d'une *extériorité* ». Autrement dit, ce que Dieu donne ne pouvant se trouver ni sous lui ni hors de lui, il doit le trouver en lui. Et comme « ce que le Dieu-homme donne librement ne peut lui être *extérieur* et la donation qui accompagne sa mort ne peut concerner que son être même », il s'ensuit que l'homme n'est pas Dieu, et que de cette « donation de *soi* », seul en est capable le Dieu-homme dans le dernier râle dont il gratifie l'humanité sur sa Croix : « La parole intensifiée au maximum dans le cri et devenue inarticulée, s'extasie Hans Urs von Balthasar ressuscitant pour la circonstance une anatomo-théologie vaguement poétisée, déchire en s'éteignant la cloison suprême, son propre cœur et – comme un symbole – le rideau entre Dieu et l'homme », etc.[2]. On veillera donc à appeler Dieu l' « incarné », et l'homme qui, en imitation de son créateur, se donne la mort un suicidé. Oh, le méchant homme !

Une minute de laïcisation de la théologie permet cependant d'avancer un pas plus loin en soustrayant la question à la morale. Entre le « vide du futur » où « la mort a notre avenir » et le « vide du passé » où « la mort a son tombeau »[3], le présent apparaît au suicidaire

1. M. Corbin et A. Galonnier, *in* S. Anselme de Cantorbéry, 3 : *L'incarnation du verbe, Pourquoi un dieu-homme,* Paris, Cerf, 1988, p. 105 sq.
2. H. U. von Balthasar, *La gloire et la croix,* III, 2, Paris, Aubier, 1972, p. 77.
3. M. Blanchot, *Le pas au-delà,* p. 26.

comme la seule « issue » de la mort. Ainsi souscrit-il volontiers à cette interrogation augustinienne, bien faite pour rappeler ce que la temporalité a hérité de la chute : s'il est vrai que le passé et le futur soient, où sont-ils ?

Dans son *Die Legitimität der Neuzeit,* H. Blumenberg souligne de même avec justesse que la notion de *potentia dei absoluta,* chère à Augustin puis aux nominalistes, mais pas uniquement à eux, car le nominalisme est la dimension par excellence de toute relation entre l' « individu » et le Dieu Tout-Puissant, donnait au temps un dangereux caractère de contingence radicale : d'un instant à l'autre, l'être peut se transformer en apparence, la réalité en néant, suivant une tentation docétiste décidément tenace. Bref, « la temporalité devient le handicap fondamental de l'esprit humain »[1].

Si donc, à la suite de C. Schuwer, on accepte de définir le suicide comme « l'acte axiologique du présent qui abolit, pour l'individu, le sens de l'avenir »[2], force est de conclure avec Maurice Blanchot que « celui qui se tue est le grand affirmateur du *présent* »[3]. De fait, parce que le suicide, seul de son espèce, a lieu dans le présent, « son acte n'a pas pour essence de nier mais de confirmer le présent ». Que le suicide trouve son « point d'appui » dans le présent même dont il nie la valeur n'en est jamais qu'une confirmation de plus : il faut imaginer alors un suicidaire aspirant à une « suppression existentielle du présent [qui] entraînerait du même coup la suppression de la valeur »[4].

1. Première édition, Francfort, Suhrkamp, 1966, p. 121.
2. C. Schuwer, *op. cit.,* p. 126.
3. M. Blanchot, *L'espace littéraire,* p. 126.
4. C. Schuwer, *op. cit.,* p. 123-124.

Si « le temps est le seul fondement de l'opposition de l'être à l'existence »[1], s'il s'identifie à la valeur[2], que prétend faire alors le suicidant, si on lui fait grâce, l'espace d'une seconde, de cette aporie dirimante auquel son acte semblerait le vouer ? Rapportée à son existence présente, le temps qu'il prétend abolir a un nom : le corps mortel, la dépouille dont la critique grouillante des vers ne se repaîtra que trop vite. Ce n'est donc qu'en détruisant la chair, c'est-à-dire l'espace, par essence ambivalent[3], qu'il peut espérer abolir le temps – ce à quoi une mort simple ne saurait parvenir, puisque se détruire empiriquement dans le temps, ce n'est pas détruire le temps. Car il n'est pas nécessaire de suivre bien loin Husserl pour admettre que c'est la chair qui « donne le temps », ce qui, précise D. Franck, « signifie au moins que la chair, le sens de la chair, ne dérive pas de la temporalité ». La résurrection de la chair dans une autre dimension temporelle, qu'excluait la perception prépascale du temps, devient alors le ressort secret de l'acte suicidaire. Cette chair qu'il convoite peut, seule, faire du temps subi un temps voulu. Donnant « le temps », le suicide, envisagé comme un acte, non plus comme une pensée, peut alors annihiler la grande équation vivre égale mourir – « réciprocité »[4] oblige – à quoi se réduit une tradition métaphysique impatiente de dénombrer les morts dans les cimetières – fût-ce dans une « perspective eschatologique ». C'est prendre le contre-pied de toute la méta-

1. *Ibid.*, p. 29. Voir aussi H. Jonas, *Entre le néant et l'éternité,* Paris, Belin, 1996, p. 105-129.
2. C. Schuwer, *op. cit.*, p. 65-67.
3. R. Barberas, avant-propos, L'espace lui-même, *Épokhè,* n° 4, 1994, p. 8, et J.-L. Cherlonneix, L'indécence de l'espace, *in* P. Ranson (éd.), *Saint Augustin,* Les Dossiers H, Paris, L'Age d'Homme, 1988, p. 153-174.
4. C. Schuwer, *op. cit.*, p. 31.

physique stoïcienne et augustinienne pour poser les fondements d'une « analytique de la chair » fondée sur le postulat que celle-ci « appartient autant, ou aussi peu [...] à l'ordre de l'objet qu'à celui du sujet »[1]. Loin de nier, et de s'épuiser dans cette négation, le suicidaire devient alors cet esprit faustien « qui toujours nie » et qui sans cesse veut le mal et toujours fait le bien. A la chair qui lui est donnée, et qui lui donne la temporalité, il entend donner une autre chance. Sa négation du présent est plus qu'une simple négation de la temporalité, à quoi parvient immanquablement la tentation solipsiste sur un simple clin d'œil. Elle est suppression de la valeur temporelle, théologiquement inaugurée par Adam et par la chute, et que la morale nomme immortalité, pour la valeur charnelle dont le présent est le seul horizon.

Dostoïevski, jeune homme, assurait n'avoir le choix qu'entre trois vocations : la débauche, la folie ou la sainteté. A quelques mois de là, sa chair épileptique le rappellera à plus de raison. « J'ai un projet : devenir fou », écrira-t-il à ses correspondants. Toute son œuvre littéraire naîtra de cette incapacité ou de son refus de hiérarchiser, suivant les balises convenues, le destin par trop putrescible de sa chair. Le suicide ne tue rien, il ouvre un horizon par trop étriqué. A ce qui lui est donné, le suicidaire oppose un autre don : celui d'un sujet irréductible à son incarnation prosaïque. Le Christ a-t-il jamais prétendu autre chose ?

Stavroguine avait raison de craindre sa tentation de la générosité. Au néant donné du monde, au *Dasein* et aux circonstancielles conditions *a priori* de la sensibilité, aux tenants de l'« habitude d'être » et autres « m'as-tu vu

1. D. Franck, *Chair et corps. Sur la phénoménologie de Husserl*, Paris, Éd. de Minuit, 1981, p. 194.

des fins dernières », qui crient au « crime d'essence » quand seule est en cause la routine, le suicidaire épargne la peine de le faire mourir et oppose le don du tombeau vide d'une chair enfin vouée à l'éternité, loin de tous les « grands orgasmes ramollis » des siècles des siècles. A défaut d'y parvenir, il fait au moins l'offrande généreuse de sa nostalgie d'une vie émancipée de la morale, seul espoir entrouvert à une véritable éthique fondée sur une idée vraiment généreuse : le suicide n'a jamais tué personne, puisque la vie se passe de lui. A commencer par Adam, Dieu seul a fait des carnages. La vraie générosité du geste suicidaire est de lui laisser une chance de s'amender. Si l'on appelle cela la « vie », je me demande bien ce qu'est la mort, persiflait Éluard, en écho à la mystérieuse question que posait Euripide : « Qui sait, peut-être que vivre signifie mourir, mourir vivre ? »[1] Quand la théologie aura cessé de jouer sur les mots et d'appeler « vie » ce qui a déjà toutes les apparences du cadavre, le suicide apparaîtra, même aux songe-creux, pour ce qu'il n'a jamais cessé d'être : le rêve d'une vie dont on ne meurt pas.

1. Euripide, frag. 639 N. Voir Léon Chestov, Les révélations de la mort, in *La balance de Job,* Paris, Flammarion, 1971, p. 29.

Chute

D'accord, mais de mort lente

> *Je n'ai pas peur de ce qui m'arrivera après, car j'ai* la foi *: je sais que je ne comparaîtrai pas devant le juge suprême. C'est seulement sur la terre qu'il y a des « tribunaux comiques ». Mais j'aurai tout de même de l'émotion. Pour être plus insouciant, je boirai d'abord une demi-bouteille de vieux Porto.*
>
> H. Roorda,
> dit le « roseau pensotant »[1].

Le regretté abbé Oraison, théologien à ses heures et psychanalyste de vocation, observait naguère que, le Christ eût-il été guillotiné, les chrétiens porteraient autour du cou, en miniature, la machine du sinistre docteur. Gageons qu'il s'est trouvé des prédicateurs pour y songer, tant les prêches les plus sanguinaires sont les plus convaincants, et l'on en connut qui furent de pures horreurs. La formule serait pourtant risible, voire blasphématoire, si quelques bonnes âmes, comme disait Julien l'Apostat, n'avaient transformé une religion de la Résurrection – quelle autre raison d'être saurait-elle trouver que la victoire charnelle sur la mort (c'est le sens du *Noli me tangere* après le tombeau vide) ? – en religion d'un tombeau dont on ne sait plus trop s'il faut le croire vide ou plein – ni, au demeurant vide ou plein de quoi.

1. H. Roorda, *Mon suicide,* Lausanne, Éditions de l'Aire, 1992.

« Il n'y a pas de mot dans la langue des hommes pour consoler les cochons d'Inde d'ignorer les causes de leur mort », opinait un survivant d'Hiroshima cité par Alvarez. Tout le monde devine pourtant dans leurs yeux la même sempiternelle interrogation muette : Pourquoi ? La même douleur inspira Dostoïevski : « Ce petit mot pourquoi est répandu dans l'univers entier depuis le premier jour de la création et, à chaque instant, la nature entière crie à son créateur, pourquoi ? » C'est ce que C. Schuwer, dans son essai sur la signification métaphysique du suicide, appelle « l'état de question », qui coupe court à toutes les lancinantes interrogations sur le sens : « Peut-on prouver que le bonheur soit le bonheur ? [...] Vouloir ce que je veux prouve-t-il qu'il vaille la peine de le vouloir ? Ou suis-je aussi bête qu'une chenille processionnaire ? »[1] Car si Dieu a parlé aux hommes – peu importe en quelle langue –, il n'a pas su s'adresser aux bêtes, ni d'ailleurs trouver, à l'adresse des hommes, des arguments susceptibles d'apaiser les douloureux émois suscités par cette chatouilleuse question. Depuis le mutisme dans lequel Dieu s'est claquemuré après les semonces de Job, n'est venu de réponse que le Christ. Une réponse de chair, donc putrescible, en attendant mieux. Verra-t-on jamais le terme de ce *triduum mortis* ?

Le Dieu « peu crédible » de Tertullien s'est fait lui-même mécréant avec Holbein, Jean Paul et les chantres du Dieu mort. S'agissant du suicide – divin ou humain – il reviendra aux agnostiques d'en tirer les conséquences. Camus, le dernier en date, s'est exécuté en substituant à « dieu » le problème de la valeur, qu'est censé commodément résumer le vocable d' « absurde ». Mais qu'a-t-on gagné au change ?

1. C. Schuwer, *La signification métaphysique du suicide*, p. 98.

« Le fait de substituer au problème de la divinité l'interrogation sur la valeur modifie-t-il essentiellement le sens de la ressource ultime du croix ou pile ? », demande le sibyllin C. Schuwer. Quant à la signification métaphysique du suicide, à l'âge du Dieu mort où le pari pascalien demeure l'unique refuge d'une foi époumonée, comment donc admettre qu'une « apologétique commune soit appelée à fonder deux solutions aussi scandaleusement opposées, qu'un instrument destiné à prouver Dieu puisse être converti en une introduction au suicide »[1] ? Le modèle de référence est à l'évidence celui du très anselmien Kirilov : « Si Dieu n'existe pas, il me reste à me suicider. Si je me suicide, je suis Dieu. » De si luxuriantes prémisses ne sembleraient justifier qu'une seule conclusion : donc, comme disait saint Thomas, Dieu s'est suicidé. Du suicide comme mode privilégié du devenir-dieu.

En vérité, cependant, la pensée du suicide postkirilovienne est plus modeste et se contente d'inverser le pari pascalien où les jeux sont déjà faits. Il appartient désormais à Dieu de parier sur l'homme : il importe peu que l'homme croie en Dieu, c'est à Dieu de faire un acte de foi, d'en courir le risque. Ce que Dieu fit, si l'on en croit la théologie, avec son Fils. Mais est-il allé jusqu'au bout ? Dieu s'est fait homme, l'homme a choisi la mort, et sa mort est christiquement un suicide... à moins que... A moins que le tombeau ne soit vide après trois jours. Mais est-ce bien à l'homme qu'il appartient de miser aussi gros ? Si le Christ est bien ce divin diamant de première eau que disent les petits pères, il convient d'abandonner les paris au Dieu lui-même. *Impair et manque !* Au premier pari de l'incarnation succédera la

1. *Ibid.*, p. 105-108.

seconde gageure divine de la résurrection. « Si la foi est un risque, il faut donc qu'il soit réciproque et que Dieu le coure en nous et avec nous », observe C. Schuwer[1], avant d'ajouter : « C'est au cœur de ce mystère que le refus se fonde, que le suicide est possible, qu'il devient légitime. » Mais le suicide de qui ?

La mort du fils sur la Croix reste un indice du choix que Dieu a fait. Un second indice serait le tombeau vide. Dieu a parié. Qu'a-t-il gagné ? On le saura au troisième jour. En attendant, comme dit Canetti, le « suicide restera acquis aux hommes ». Comme le rêve d'un temps qui ne serait qu'un prédicat, dont on pourrait intervertir l'ordre de succession sans dommage[2] (pourquoi ne pas commencer par la mort : cela nous éviterait bien des digressions et autres espoirs eschatologiques ?). Comme la dénonciation de l'illusion statistique d'un sens personnel qu'on pourrait déduire empiriquement de la vie (ou de la mort) des autres (le suicide apparaissant souvent comme l'unique manière d'échapper au plagiat des fins dernières). Comme le témoignage d'un sens déficient, le refus d'un plaidoyer *pro domo,* la récusation des « corbillards ronds et prospères qui suivent la route en cahotant », la confirmation d'un non-sens. Comme la révocation du sens, une apologie du contresens, à l'opposé de la tentation de « faire vivre l'absurde ».

La pensée du suicide émousse les « ciseaux de la Parque », dont un G. Simmel a subtilement analysé les effets ; elle enlève à la mort ce qu'elle a de définitif, ce qu'il lui reste de conviction. Alors que la mort moralisée des chrétiens ou des philosophes doute fort peu d'elle-même, le suicide rend la mort à sa franche amoralité. A

1. *Ibid.,* p. 156.
2. *Ibid.,* p. 125.

« la plus totale des généralisations » (G. Steiner), l'idée même du suicide oppose un désir de conjuguer la métaphysique au singulier, le refus d'éradiquer la première personne du singulier. Si je est un autre, le suicide renvoie la mort sur l'autre et sauve le je. *Impair et gagne !* Telle est la solution de l'aporie de la « réflexion » qu'on a vu à l'œuvre au cœur du concept même de suicide. A la mort qui serait la « possibilité de l'impossibilité » (Derrida lecteur de Heidegger), à la « surprise que fait l'inconcevable au concevable » (P. Valéry, *Rhumbs*), elle oppose l'obsession sans conviction d'une impossibilité première, la trace d'un Léthé, du fleuve de l'oubli qui, à la manière du fleuve Alphée, remonterait à sa source. Une théologie de l'anamnèse. Un à-peu-près révoquant les *a priori* imbéciles des docteurs-la-Mort, qui serinent, incontinent(s), que la mort fait partie de la vie, et gnagnagna, et gnagnagna (« Il est pas beau mon poisson ? ») sur le ton des leçons de géographie de nos enfances : « Le soleil nous éclaire et nous réchauffe. » Un refus d'énoncer ces fameuses lois générales dont le Kafka des *Préparatifs de noces à la campagne* insinuait qu'elles « étaient l'affaire des tyrans ».

Théologiquement, écrit P.-L. Landsberg comme s'il était dans la confidence du Grand Muet, « il s'agit, en vérité, d'une vague illusion de retour au Paradis » : « Le dieu, ou plutôt la déesse du suicide, nous précipite au sein obscur de la mère. En ce sens, le suicide est un infantilisme. » On admirera d'abord la virilité du Monsieur, qui, pour mieux montrer la haute dignité de sa morale, féminise carrément le Dieu qu'il s'est d'abord mis en peine d'émajusculer. Le Dieu que recherchent les suicidés ne serait qu'une pauvre petite déesse : une femme adultère, une Marie-Madeleine ? A ce compte, et quitte à choisir un sein, autant embrasser la putain de

Mallarmé « qui sur le néant en sait plus que les morts », la grande consolatrice pour qui fuit, « pâle, défait, hanté par [s]on linceul, ayant peur de mourir lors[qu'il] couche seul ». Le sexe de Dieu est d'une étrange labilité pour les moralistes, volontiers polythéistes dès lors qu'il s'agit de dénoncer les idoles devant lesquelles se prosternent leurs adversaires. La pensée du suicide, ou le triomphe de la petite mort sur la grande.

Quant à l'infantilisme, il évoque trop irrésistiblement la « maladie infantile » d'une utopie moribonde pour qu'on s'attarde en commentaires : le suicide maladie infantile de l'espérance parousique ? Pourquoi pas, il fait moins de morts. Puis, croyant porter l'estocade, notre amateur invétéré de cette misérable boucherie métaphysique qu'il nomme corrida, ajoute triomphalement : le suicide a un caractère de régression, il n'est qu'une « expérience universelle d'impuissance »[1]. Ah, l'impuissance ! Après la féminisation, l'impuissance. Toujours la même bonne vieille rengaine sexuelle. On se surprend à rêver d'un monde où l'impuissance prendrait de telles proportions que la pendaison serait le dernier refuge des pauvres petits castrés en mal d'érection. On ne dira jamais assez la virilité de la théologie d'Église.

« Il faut imaginer Sisyphe heureux », disait l'autre. En vérité, le mot n'est recevable qu'assorti de cet attendu : « Il n'y a pas de travail inutile : Sisyphe se faisait les muscles. »[2] Voilà qui est parler en homme. Un vrai de vrai. Et Landsberg de conclure, dans la droite ligne de cette théologie de l'adrénaline : « Imaginez un Werther ou une Anna Karénine un peu plus frivoles, et vous

1. P.-L. Landsberg, « Le problème moral du suicide », p. 151.
2. R. Caillois, *Le rocher de Sisyphe,* Paris, Gallimard, 1946, p. 7.

voyez bien qu'il y aurait eu une issue. »[1] Il avait échappé à Freud que le sérieux fût un autre nom de l'impuissance. Et si, dans toute sa frivolité, la pensée du suicide restait, précisément, la preuve de cette impuissance, comme qui dirait une apologie d'icelle, le premier lot de consolation dont le Créateur ait gratifié l'humanité profondément déçue de son « Père » ? Du suicide d'Anna Karénine comme réponse à la trop grande frivolité d'un Dieu qui ne sait plus « ce qu'il faut d'amour à l'homme », pour parler comme Julien Green. Le suicide, ou la réponse de la féminisation à la trop grande virilité de la mort[2]. Bref, à cette mort de toréador des métaphysiques, somme toute peu comestibles, le suicide opposerait le « mourir de femmes » de Rilke : « Il faut mourir parce qu'on les connaît, mourir de l'indicible floraison du sourire, mourir de femmes... »

La vie doit être le plus coupable des crimes, le plus criminel des plaisirs, pour qu'invariablement elle soit sanctionnée par la peine de mort. Aristippe de Cyrène, au IVe siècle avant Jésus-Christ, professait ainsi que le plaisir est tout, et qu'il n'est de plaisir que dans l'instant, qui est un condensé d'éternité. Il eut pour disciple un dénommé Hégésias, auquel on prête un viatique sobrement intitulé l'*Apokarterôn (Le désespéré)* : le héros se laisse mourir de faim en déclinant les maux de l'existence pour se donner courage. Lui oppose-t-on un plaisir possible, qu'il s'enhardit aussitôt d'une nouvelle raison de mourir. La mort d'autrui, ironisait Camus, est toujours plus facile à justifier que sa vie. Alors, la sienne... Plus

1. *Ibid.*, p. 153.
2. Sur les rapports entre impuissance et Tout-puissant, cf. Y. Citton, *Impuissances, défaillances masculines et pouvoir politique de Montaigne à Stendhal*, Paris, Aubier, 1994, p. 59.

modique, le charmant Hégésias peine à se trouver une raison de survivre. Qui cherche l'hédonisme aura souvenance, en bon épicurien, de la possibilité d'une mort volontaire. Le suicide peut être une forme de détachement, de cette « liberté d'indifférence » avec quoi se confond le libre arbitre. Faute de fixer le plaisir éphémère – « suspends ton vol ! » –, il ne reste qu'à couper au plus court. Ces belles pensées vaudront à ce cher homme d'être mignonnement surnommé *ho peisithanatos,* le « persuadeur de mourir ». Gageons que ce n'était pas vraiment pour le complimenter. Ptolémée interdira son livre, décidément trop convaincant. Dans sa lettre du 6 octobre 1645, Descartes lui donnera raison. Les censeurs du Cogito – on appelle ça le « surmoi » – aiment à empêcher de mourir ceux que la vie a lassés, qui s'obstinent à penser que la vie n'est pas un argument.

Quand Pavese parle du « métier de vivre », c'est pour ajouter aussitôt que ce travail « fatigue ». La vie s'épuise en approximations successives, puis s'efface ; la mort reste, parce qu'elle aime le définitif. Mais mourir ennuie, parce que, au contraire de la mort, le mourir succombe à l'approximation. Il relève de l'aporie : « Mourir veut dire : mort, tu l'es déjà, dans un passé immémorial, d'une mort qui ne fut pas la tienne. »[1]

Comme le Dieu de Nietzsche, d'autant plus parfait qu'il cesse d'exister, le suicide est d'autant plus parfait qu'il s'accomplit hors de tout compromis avec le mourir. « La mort, je suis contre », dit le Christ en Croix, puis sortant du tombeau. Décidément, on ne lit pas assez les Évangiles. Le dernier mot n'appartiendra pas à la mort, promet Pérégrinos. L'un et l'autre avaient oublié les scri-

1. M. Blanchot, *L'écriture du désastre,* Paris, Gallimard, 1980, p. 108.

bes qui, sondant les reins et les cœurs, allaient gloser à satiété sur leur dépouille.

Quand, pressentant l'éclipse et ne pouvant plus peindre que noir, Mark Rothko « choisit la nuit », ou quand, champion de l'épure, le narrateur du *Corrections* de Thomas Bernhard s'efface à mesure qu'il s'écrit, c'est sans conteste à mourir un peu moins qu'ils aspirent et qu'ils s'exercent, voire à vivre une vie dont on ne meurt pas. Kirilov, le dernier Christ athée de facture un tant soit peu robuste, avait déjà pressenti combien le temps qui empêche de vivre nous empêche aussi de mourir. Cet *impeachment* théologique lui avait inspiré la riche idée de faire descendre la vie éternelle ici-bas, dans une manière d'apocatastase généralisée. On y verra plus clair quand l'Église aura fait d'Origène et de Pélage des docteurs angéliques et irréfragables.

En attendant, chacun sait qu'il doit mourir parce que les grands hommes meurent aussi : c'est Stuart Mill qui l'a dit et c'est écrit dans le journal. La presse journalière n'est plus la prière quotidienne qu'imaginait jadis Hegel : elle est devenue le *memento mori* de l'âge du Dieu mort. Voilà pour les athées, qui persistent à croire pourtant à une éternité de papier recyclé. Quant aux tenants du Dieu peu crédible, que clamait un Tertullien visiblement ravi de sa trouvaille (Thomas d'Aquin reprendra le mot avec plus de bonhomme modestie, dans le genre pas vraiment fier de lui), ils savent qu'ils doivent mourir parce que Dieu est mort. Il a choisi la mort, sans nul besoin d'écouter les judicieux conseils des « persuadeurs de mort », pour qui « le suicide est à la vie la seule solution élégante » (René Crevel).

« Je ne voudrais pas être privé du bonheur de croire à une durée future », confiait Goethe à un Eckermann plus taiseux que de coutume. Convaincu que la vie obéissait au mode de l'excès rebelle à toutes les formes du mourir, naturel ou artificiel, il ajoutait, en se réclamant assez benoîtement de Laurent de Médicis, « si j'agis sans repos, la nature est obligée de me donner une autre forme d'existence lorsque celle que j'ai maintenant ne pourra plus retenir mon esprit ». C'est cela, obligeons la nature. En filigrane, on peut lire qu'il y a autant de volonté dans la vie que dans la mort, et que cette volonté n'est pas plus – ou pas moins – naturelle dans un cas que dans l'autre. John Donne y aurait de bonne grâce souscrit. Désormais nécessaire pour penser pleinement le destin du Dieu mort, le suicide du Christ aura donc arraché la mort au cadavre et à la morale (c'est ainsi qu'il faut comprendre l'acharnement des moralistes sur la charogne des suicidés) pour la rendre à la foi. *Pace* Kant ! Et ce Christ-là acquiert cette « grande chose » après laquelle soupirait Sénèque : « Joindre à la faiblesse d'un homme la tranquillité d'un Dieu. »[1] A Job, dont « l'âme choisit la strangulation », la pensée du suicide offrira un « art de mourir un peu moins », l'ultime refuge du sens. C'est aussi cela, prendre l'acte du Christ au sérieux.

En attendant le tombeau vide, comme dirait Beckett, laissons vivre les persuadeurs de mort et mourir les persuadeurs de vie : « La pensée du suicide est une puissante consolation. On surmonte ainsi aisément une “mauvaise nuit” », constatait Nietzsche jouant, une fois n'est pas coutume, les Monsieur Homais. Mais il est vrai que, de Hégésias à Cioran, il est en bonne compagnie. Qui sait de quoi est plein le tombeau vide, ou vide le tombeau plein ?, demande l'insomniaque théologien au Pascal du pari, que le silence des espaces infinis continue

1. *Epist.*, 53, 12.

à effrayer. Le suicide du Christ est décidément une école de perplexité. « Tout vient de ce que j'ignore ce qui vaut mieux : des épingles sous les ongles ou le Christ », observe sagement Dostoïevski dans les *Carnets des démons*. L'écharde incarnée ou le Dieu fait chair ! On en ferait volontiers le fondement d'une nouvelle mouture du pari de Pascal. A Dieu de jouer. En attendant, le meilleur argument contre le suicide restera donc que les suicidés meurent aussi. Les cimetières sont aussi peuplés de gens qui ont dénoncé le bail. Et depuis que dans « Bobok »[1] Dostoïevski, avec force « scrupules d'illuminés », s'est attelé à décrire la grouillante promiscuité des cimetières, tout le monde sait à quoi s'en tenir. « Notre besoin de consolation, rappelait Stig Dagerman, est impossible à rassasier. » La saison du devenir-dieu est finie. Le temps est passé des héros avides de se mesurer avec l'Éternel, et l'évhémérisme est désormais bien incapable de produire des dieux. L'héroïsme des fins dernières semble révolu. Cessant de penser « avec les catégories de l'héroïsme, rappelle Hélène Monsacré, les hommes firent aux femmes le don des larmes »[2]... La larme est un verre grossissant, qui aiguise la vue.

Assez joué au premier qui rira, désormais chacun pleure.

1. F. Dostoïevski, Bobok, in *Journal d'un écrivain,* Paris, Gallimard, « Bibliothèque de la Pléiade », 1972, p. 56-75.

2. H. Monsacré, *Les larmes d'Achille. Le héros, la femme et la souffrance dans la poésie d'Homère,* Paris, Albin Michel, 1984, p. 201.

Requiem terminologique

La solitude de Dieu : digression grammairienne sur un « non-mot »

> Qui déchiffre le mieux ce que nul ne connaît,
> Soi-même, m'apprenne donc
> Ce que c'est que ce rien : j'ai trouvé jusqu'ici
> Mon aise et mon réconfort en ceci : quand bien même
> Je n'aurais de succès, je ne puis échouer.
>
> John Donne, *Amour négatif.*

Si le Christ ne s'est pas suicidé, c'est que le mot lui-même n'existait pas[1]. On pourrait en dire autant d'Antigone ou de Socrate. Tout au plus pouvait-il « s'aérer » ou se « défaire ».

LA GRAMMAIRE THÉOLOGIENNE

« Se défaire pour se tuer : Littré en regrette à juste titre l'abandon (se suicider est en effet un pléonasme,

1. Voir B. Barraclough et D. Shepherd, A necessary neologism : The origin and uses of *Suicide, Suicide and Life Threatening Behaviour,* XXIV (2), 1994, p. 113-126, et Suicide – a traveller's tale. A Study of the adoption of the word « suicide » into the main romance languages, *History of Psychiatry,* VIII, 1997, p. 395-406. (Je dois cette référence à J. Pigeaud.)

donc un solécisme ajouté de pathétisme). Comme on défait ses habits[1]. Ce serait aux autres ou à "dieu" de vous tuer. »[2] Le suicide est bon pour les « âmes mal lavées » (Witkiewicz) et les bousilleurs du beau langage. Faute de goût pour les moralistes, « se suicider » est aussi condamné comme faute de grammaire par les puristes, pour qui « tout homme qui répugne aux barbarismes (...) fera bien de s'abstenir de l'emploi de ce mot ». Aussi vrai que « le monde est une branloire pérenne », « la plus part des occasions des troubles du monde sont Grammairiennes », prévenait déjà Montaigne[3]. Nietzsche lui-même établira un lien explicite entre la mort de Dieu et la grammaire : « Je crains bien que nous ne nous débarrassions jamais de Dieu, puisque nous croyons encore à la grammaire. »[4] « Aussi longtemps qu'il y aura des grammairiens dans la théologie », il y aura de « belles disputations », conviendra Péguy en évoquant directement la Passion[5]. La cause est donc entendue : on évitera de redoubler la faute morale d'une faute de grammaire et de sous-estimer la part de la grammaire dans les questions théologiques, notamment dans la pensée du Moyen Age[6]. De fait, la question que pose Thomas d'Aquin dans la *Somme théologique,* en III, 47, 1, est autant grammairienne que théologique.

1. Expression que justifierait le « strip-tease eschatologique pressenti par Macrobe », l'âme étant appelée à « se dépouiller de ses vêtements » en traversant les sphères planétaires. Voir P. Baudet, « L'opinion de saint Augustin sur le suicide », 1988, p. 138, note. Pour Saint-Preux, on peut se défaire de la vie comme on pose « un vêtement incommode » (Rousseau, *La Nouvelle Héloïse,* III, lettre 21).
2. Jude Stefan, *Senilia,* Cognac, Le Temps qu'il fait, 1994, p. 36.
3. Montaigne, *Essais,* Paris, Gallimard, « Bibliothèque de la Pléiade », p. 508.
4. Voir M. Blanchot, *L'entretien infini,* Paris, Gallimard, 1969, p. 249.
5. Ch. Péguy, *Gethsémani,* Paris, Desclée de Brouwer, 1995, p. 47.
6. Voir G. Agamben, *Le langage et la mort,* 1991, p. 61 sq.

Comme dit Bayle (quoique dans un autre contexte) à propos de Lucrèce qui, jugée « au tribunal de la gloire humaine [...], remportera la couronne la plus brillante », il est probable qu'elle « prît garde de ne point blesser les règles de la grammaire »[1]. S'est-elle tuée, a-t-elle expié la culpabilité d'être victime, ou a-t-elle souligné d'un nouveau péché ses pensées de stupre comme le subodorait assez vilainement Augustin en prétendant que Lucrèce l'homicide a tué la chaste Lucrèce[2] ? En aucune façon, elle ne pouvait se « suicider » : elle pouvait seulement enfreindre le sixième commandement.

Évoquant la figure de Socrate à l'article de la mort, telle qu'on la connaît par le *Phédon,* J. Pigeaud affirme avec autorité : « En aucune façon l'on ne saurait appeler cela un suicide. »[3] Philologiquement, c'est indéniable. Mais serait-il impossible d'avoir raison contre la grammaire ? P.-L. Landsberg nous semble plus près de la vérité lorsqu'il écrit : « La mort de Socrate est une mort libre dans le sens stoïcien, bien qu'il ne s'agisse pas d'un suicide. Que le renoncement à la fuite donne à cette mort un caractère libre, pas très différent du suicide philosophique, déjà le Socrate de Platon nous le dit dans le *Phédon.* »[4]

Nicole Loraux, dans son admirable « Main d'Antigone », médite sur les ambiguïtés du mot *autokheir,* le premier adjectif que la langue grecque ait forgé pour désigner celui qui s'est suicidé[5]. Mais l'ambiguïté semble

1. V. « Lucrèce », *Dictionnaire historique et critique,* Genève, Slatkine Reprints, IX, 1969, p. 498.
2. « La personne enfin se dédouble dans le suicide », observe judicieusement Patrick Baudet, *loc. cit.,* p. 126.
3. J. Pigeaud, « Socrate et la *belle mort* », p. 15.
4. Paul-Louis Landsberg, *Essai sur l'expérience de la mort,* 1951, p. 78-79 note.
5. Voir Nicole Loraux, La main d'Antigone, *Métis,* I, 2, 1986, p. 165-196, en part. p. 185-196, repris dans Sophocle, *Antigone,* 1997.

résider davantage dans le mot encore peu spécialisé et ses connotations que dans le geste même. Antigone porte bel et bien la main sur soi, même si elle est frustrée *in fine* de ce geste qu'elle avait voulu sien, à l'inverse de Socrate, à qui est laissé le choix des armes. Dans *Hécube* d'Euripide, on trouve l'épithète *autoktonos* : on tue par soi-même ou le même que soi (v. 1254). Le meurtre réciproque de deux frères, dans *Les Sept contre Thèbes* d'Eschyle comme dans les *Phéniciennes* d'Euripide, se « présente avec insistance comme un suicide – et l'absence de terme spécifique pour désigner en grec ce dernier crime facilite la polysémie du texte tragique »[1]. Polysémie et ambiguïté sont les deux mamelles dont s'est toujours alimentée la controverse sur le suicide ou la mort volontaire.

L'absence de terme spécifique désignant le suicide oblige Platon à parler de meurtre « du plus proche » ou « du plus chéri ». De même, dans *Hippolyte* d'Euripide, Phèdre a « tué ce qu'elle avait de plus cher » *(ta philtata)* – manière grecque de dire le suicide[2].

Toujours en grec, toute une série d'expressions surgissent çà et là, sans qu'aucune ne vaille définitivement ni absolument. Tout se passe comme si un mot unique n'avait pu s'imposer qu'au moment où l'on fit du suicide une maladie. Préserver son ambiguïté, c'est aussi sauver sa spécificité. On signalera donc, mais la liste n'a rien d'exhaustif[3], diverses formules aux référents variés : embrasser la mort *(lambano thanaton)*, mettre fin à la vie *(teleutao bion)*, mourir volontairement *(hekousios apothneisko)*, se retirer de la vie *(exagein heauton tou biou)*, se tuer *(kteinein*

1. J. Alaux, *Le liège et le filet*, Paris, Belin, 1996, p. 75.
2. *Ibid.*, p. 282.
3. Voir A. J. L. van Hooff, Suicidal vocabulary of Greek and Latin, in *From Autothanasia to suicide*, 1990, p. 243-250 et p. 136-141.

heauton), se détruire *(diaphteirein heauton)*. Au Ier siècle, on trouve *autothanatos* (mort par soi), mais le nom le plus fréquent, à partir du IIe siècle, est certainement *exagoge*, que l'on qualifie tantôt de *eulogos* (rationnel), comme chez les stoïciens, tantôt de *paralogos* (irrationnel).

En latin, les référents et les images sont les mêmes, même si le lexique est nouveau : *mors voluntaria*, *mortem* ou *necem sibi consciscere*, *e vita excedere*, *manus sibi inferre*, *vim sibi adfere*, etc. Ce qui frappe dans cette liste, qui demeure un aperçu, c'est l'absence de mot négatif et le ton généralement descriptif, exempt de tout jugement de valeur.

UN PROBLÈME DE RÉFLEXION

Suicide, malgré sa coloration populaire péjorative, semble avoir été forgé pour se débarrasser des connotations homicides. Le *felo de se* est d'abord un meurtre. Le suicide donne la primauté au soi[1]. On ne sait plus trop ce que la morale réprouve : le meurtre ou l'égocentrisme du suicidant. A la limite, la question de la réflexion, du référent du geste suicidaire, importe, moralement, davantage que le meurtre lui-même. De fait, on a observé à juste raison que, dans le suicide, ce n'est pas le crime, mais le criminel qui est défini : « *Felo de se* est celui qui tue. »[2] On notera d'ailleurs avec intérêt que la morale répressive contre le suicide est contemporaine du ralliement des théologiens au principe d'un service militaire, qu'avaient farouchement combattu quelques-uns des premiers Pères à la suite de Tertullien. Bientôt,

1. Voir le « soliloque d'un solipsiste », qui a le « pouvoir absolu de boycotter la couleur des fleurs » : Sylvia Plath, *Collected Poems*, Londres, Faber & Faber, 1981, p. 37-38.
2. Helen Silving, citée par A. Alvarez, *Le dieu sauvage*, 1972, p. 93.

l'Église allait accommoder les commandements et trouver beaucoup moins à redire à l'homicide (le meurtre du prochain) qu'à l'homicide de soi-même (le meurtre du plus proche). Les glissements augustiniens sont à cet égard exemplaires.

Or, suivant Jean d'Apamée, au IVe siècle, le Christ « s'est crucifié », au sens où Lichtenberg parlera de « crucifixion de soi-même » pour évoquer ses pensées suicidaires[1] : problème de réflexion, car le mot, en l'occurrence, importe moins que le réfléchi. Se crucifier évoque en effet une image impossible qui tient de l'oxymoron. A quoi bon le réfléchi si ce n'est pour indiquer une volonté, partant un choix, là où on l'attend le moins ? La notion de réflexion est en effet au centre du concept, si timidement et avec quelque hésitation qu'on l'approche : « Dans toutes les langues, sans aller jusqu'au pléonasme, observe Jean-Claude Schmitt, le mot équivalent [au pléonasme "se suicider"] est double, présentant le suicide comme un meurtre "réfléchi". »[2]

Un simple coup d'œil sur la terminologie du martyrologe chrétien montre combien il est urgent de déconstruire la « linguistique du suicide » en examinant les mots employés pour dénoter la mort volontaire. La distinction entre « martyre » et « homicide de soi-même »[3] ou « mort volontaire » remonte à l'Antiquité, mais cette antinomie dissimule plutôt qu'elle ne révèle le véritable enjeu : en vérité, elle est l'aboutissement d'une polémique interne au sein du bercail chrétien. Le martyre de

1. H. Lichtenberg, *Le miroir de l'âme,* trad. Ch. Le Blanc, Paris, Corti, 1997, p. 115.
2. J.-Cl. Schmitt, « Le suicide au Moyen Age », 1976, p. 21, n. 20. Pour une interprétation philosophique, voir J. Derrida, « Donner la mort », 1992, p. 49 sq.
3. Voir Lactance, *Divin. Institu,* III, 18.

l'un est le suicide de l'autre. Le saint qui a reçu le « second baptême du sang » (Origène) peut aussi bien être un répugnant « athlète de la mort » (Clément), et inversement. Dès lors, le scandale de la Croix, si scandale il y a, pourrait être aussi bien le scandale de la mort volontaire. Bref, en termes philosophiques, sur le plan des définitions, il n'est aucune distinction possible entre martyre et suicide. On ne saurait trancher qu'*a posteriori*, sur des bases empiriques, en fonction de la plus ou moins grande utilité d'une mort. « C'est la cause qui fait seule le martyre. »[1] Si « déceptif et plein de fallace », soit-il, l'argument s'impose. L'*Asclepius*, du néo-païen Pseudo-Apulée, s'offusquera avec quelque raison qu'on « trouve la mort plus utile que la vie »[2]. La mort volontaire qui n'est pas porteuse d'un témoignage édifiant est dite *amartyros* : à ce titre, elle encourt la réprobation. Ainsi Clément dénonce-t-il la mort volontaire des hérétiques comme un « homicide de soi-même », c'est-à-dire sans témoin. Les hérétiques ne sauraient être en tant que tels de vrais martyrs puisqu'ils ne sont pas dans la vérité. (Remarquons que Clément n'a pas de mot négatif à employer contre ces hérétiques : force lui est d'employer des expressions neutres en leur donnant une connotation négative : ainsi parle-t-il d'*exagein heauton*, comme le ferait un bon stoïcien[3].) En revanche, la mort volontaire *ad majorem gloriam dei* est un authentique martyre digne de toutes les louanges. Le même Clément exige un signe du

1. A. Bayet, *Le suicide et la morale*, p. 357.
2. Cité par P. de Labriolle, *La réaction païenne*, p. 358. Pour lui comme pour Julien, le christianisme est la « religion des tombeaux », elle ne saurait donc être pure ; *ibid.*, p. 419-420.
3. Mais Pionius et Origène, on le verra, emploieront le même mot en d'autres contextes, et avec d'autres connotations.

ciel, pareil à celui qu'avait reçu Samson, comme Platon à propos de Socrate[1].

Non qu'on ne soit jamais passé de la polémique à la problématisation de la mort volontaire, comme on l'a dit parfois. Il y a eu problématisation, mais en termes moraux, plus exactement dans les termes d'une morale utilitaire – que cette utilité *(complacitas)* soit celle du témoignage apostolique ou celle de l'État. La sociologie de Durkheim est heuristiquement plus utile[2], même si l'on en peut contester la neutralité axiologique : opposer le suicide « égoïste » au suicide « altruiste », c'est laïciser l'antinomie morale héritée des siècles de confusion de l'Église et de l'État. La distinction peine à faire oublier son origine dans le couple mort pour autrui, c'est-à-dire sacrifice, et mort pour soi, c'est-à-dire suicide, désertion, qu'implique la « distinction essentielle entre l'acte de ne pas fuir la mort et l'acte de se donner la mort »[3].

FIEL, SOLÉCISME ET ANGLICISME

Jean de Galles, au Moyen Age, parlera dans son *Florilège* de Sénèque « au nom prédestiné », puisque le nom vient de *« se necans »,* qui veut très exactement dire « se tuant ». Mais on ne sache pas que les détracteurs de

1. Josèphe et Paul connaissaient peut-être la tradition socratique sur la mort volontaire, mais il faut attendre Clément d'Alexandrie pour que l'on puisse établir un lien formel : l'œuvre de ce dernier compte en effet plus d'une cinquantaine d'allusions au *Phédon*. Voir Otto Stählin, *Clemens Alexandrinus, 4.1 : Register,* 2. Auflage, GCS, Berlin, Akademie Verlag, 1980, p. 52-53 (s.v. *Phaidon*).

2. Pour Durkheim, est un suicide « tout cas de mort qui résulte directement ou indirectement d'un acte positif ou négatif accompli par la victime elle-même et qu'elle savait devoir produire ce résultat ». Cf. Durkheim, *Le suicide,* p. 5.

3. P.-L. Landsberg, « Le problème moral du suicide », p. 125.

Sénèque, pourtant nombreux et peu regardants sur les jeux de mots douteux à la manière d'un Aulu-Gelle, aient jamais risqué cette étymologie fielleuse.

Du côté des modernes, le mot suicide apparaît dans la langue anglaise au milieu du XVIIe siècle[1] : il est quasi contemporain de l'*habeas corpus* et pourrait être pris pour symbole même de la modernité. Alors qu'il donne l'impression de dériver tout droit du latin classique, il n'y a pas de *suicidium* : pis encore, suivant les règles de construction consacrées, « suicide » devrait faire penser au « cochon » *(sus, suis)* que l'on tue[2]. Il semble cependant que le mot ait été introduit, sans encore faire école, par Gauthier de Saint-Victor, dans *Contra Quatuor Labyrinthus Franciae* (4, 2), de 1177-1178, mais ce traité demeura à l'état de manuscrit jusqu'au XXe siècle[3].

Thomas Brown, dans sa *Religio Medici,* écrite en 1635 et publiée en 1642, emploie le mot « suicide » à propos de Caton[4]. Dans sa monumentale *Theologia moralis fundamentalis* (2e éd., 1656), le théologien Caramuel emploie aussi bien les vocables latins *suicidium* et *suicida,* sans revendiquer l'originalité qu'on lui a prêtée par la suite[5]. Le vocable commençait déjà à s'imposer.

Soixante-quinze ans plus tard, le mot est passé dans la langue française alors que l'allemand a conservé *Selbstmord.* C'est l'abbé Prévost, en juillet 1734, qui le premier emploie le mot dans un texte où il prétend faire connaître l'Angleterre aux Français : ainsi naîtra le « mal

1. Voir M. MacDonald et T. R. Murphy, *Sleepless Souls. Suicide in Early Modern England,* chap. 5 : « The Invention of Suicide ».
2. Voir Daube, « Linguistics of Suicide », p. 422.
3. A. J. L. van Hooff, *op. cit.,* p. 271, n. 4, et A longer life for « suicide », *Romanische Vorschungen,* CII, 2, 1990, p. 255-259.
4. Th. Brown, *Religio Medici,* Paris, Stock, 1947, sect. XLIV, p. 103.
5. B. O. F. M. Alaimo, De suicidii nomine et quibusdam eius definitionibus, *Antonianum,* 31, 1956, p. 194.

anglais », qui fera du suicide un solécisme doublé d'un anglicisme ! Mais « suicide » aura du mal à s'imposer : John Donne, emploiera *biathanatos,* adaptation du grec *biaiothanatos*[1], mot générique qui désigne les « morts violentes » – que la violence soit celle du bourreau ou celle de l'amour, qu'elle ait pour théâtre la guerre ou le psychodrame d'une âme en prise avec elle-même ; dans le même essai, il forge l'expression à dessein neutre de *self-homicide,* l'exact pendant anglais de l' « homicide de soi-même » qu'évoque Bayle. Peu après la publication du *Biathanatos,* Sir William Denny, puisant dans l'abondant « bestiaire du Christ » évoqué succinctement dans le chapitre VI, forgera le mot de « pélicanicide » dans sa réfutation intitulée *Pelecanicidium : or the Christian Adviser against Self-Murder*[2] : vestige du bestiaire médiéval, le mot n'aura pas d'avenir. Dès lors le mot suicide restera acquis à l'humanité : tout le reste n'est que théologie.

1. Sur les connotations de ce terme, voir J. Bidez et Fr. Cumont, *Les mages hellénisés,* Paris, Les Belles Lettres, 1973, vol. I, p. 180-181 sq.
2. Londres, Printed for Thomas Hucklescott, 1653.

Bibliographie (injustement) sélective

Agamben, Giorgio, *Le langage et la mort. Un séminaire sur le lieu de la négativité,* Paris, Christian Bourgois, 1991.

— *Homo sacer. Le pouvoir souverain et la vie nue,* Paris, Seuil, 1997.

Alaimo, B., De suicidii nomine et quibusdam eius definitionibus, *Antonianum,* 31, 1956, p. 205-206.

Alexandre-Bidon, Danielle (éd.), *Le pressoir mystique,* Paris, Cerf, 1990.

Alvarez, A., *Le Dieu sauvage. Essai sur le suicide,* Paris, Mercure de France, 1972.

Améry, Jean, *Porter la main sur soi. Traité du suicide,* trad. franç. Wuilmart, Paris, Actes Sud, 1996.

Antin, Paul, *Mori lucrum* et Antigone 462, 464, *Revue des sciences religieuses,* 1964, 62, p. 259-260.

Baechler, Jean, *Les suicides,* Paris, Calmann-Lévy, nouv. éd. revue et corrigée, 1975.

Bailly, Jean-Christophe, *Adieu. Essai sur la mort des dieux,* Paris, Éditions de l'Aube, 1993.

Barth, Karl, Une appréciation théologique (extrait de *La dogmatique,* XVI, 1965, p. 85-98), *in* Numa Tétaz, *Le suicide,* Genève, Labor et Fides, 1971, p. 157-184.

Baudet, Patrick, L'opinion de saint Augustin sur le suicide, *in* P. Ranson (éd.), *Saint Augustin,* Les Dossiers H, Paris, L'Age d'Homme, 1988, p. 125-152.

Baudrillard, *L'échange symbolique et la mort,* Paris, Gallimard, 1976.

Bayet, Albert, *Le suicide et la morale,* Paris, Alcan, 1922.

Bayet, J., Le suicide mutuel dans la mentalité des Romains, in *Croyances et rites dans la Rome antique,* Paris, Payot, 1971.

Bels, Jacques, La mort volontaire dans l'œuvre de saint Augustin, *Revue de l'histoire des religions,* 1975, 187/2, p. 147-180.
Blanchot, Maurice, *L'espace littéraire,* Paris, Gallimard, 1955.
— La littérature et le droit à la mort, in *La part du feu,* Paris, Gallimard, 1949, p. 291-331.
— *Le pas au-delà,* Paris, Gallimard, 1973.
Blazquez, Niceto, La morale traditionnelle de l'Église au sujet du suicide, *Concilium,* 199, 1985, p. 89-101.
Bloch, Ernst, *L'athéisme dans le christianisme,* trad. É. Kaufholz et G. Raulet, Paris, Gallimard, 1978.
Blumenberg, Hans, *Die Legitimität der Neuzeit,* Francfort, Suhrkamp, 1966, rééd. aug. 1988 ; *La légitimité des temps modernes,* trad. M. Sagnol, J.-L. Schlegel et D. Trierweiler, Paris, Gallimard, à paraître en 1999.
— *Le souci traverse le fleuve,* trad. O. Mannoni, Paris, L'Arche, 1990.
— *Naufrage avec spectateur. Paradigme d'une métaphore de l'existence,* trad. L. Cassagnau, Paris, L'Arche, 1994.
— *La Passion selon saint Matthieu,* trad. H.-A. Baatsch et trad. L. Cassagnau, Paris, L'Arche, 1996.
Boespflug, François, Un dieu déicide ? Dieu le Père au pressoir mystique : notations et hypothèses, *in* D. Alexandre-Bidon, *op. cit.,* p. 197-220.
— Du Père au Fils, nulle différence. A propos du christomorphisme de la représentation de Dieu à la Renaissance, in *Les Chartreux et l'art,* Paris, Cerf, 1989, p. 325-345.
Borges, J.-L., Le « Biathanathos », in *Autres inquisitions,* repris dans *Œuvres complètes,* vol. I, Paris, Gallimard, 1993, p. 741-744.
Borne, G. F., *Christlicher Atheismus und radikales Christentum,* Munich, 1979.
Braud, Michel, *La tentation du suicide dans les écrits autobiographiques, 1930-1970,* Paris, PUF, 1992.
Breton, Stanislas, *Rien ou quelque chose. Roman de métaphysique,* Paris, Flammarion, 1987.
Büchner, Georg, Critique d'un essai sur le suicide et Caton d'Utique, in *Œuvres complètes,* trad. franç., Paris, Seuil, 1988.
Camus, Albert, *Le mythe de Sisyphe,* Paris, Gallimard, éd. de 1962, repris *in* Camus, *Essais,* Paris, « Bibliothèque de la Pléiade », 1965.
Carey, John, *John Donne,* Londres, Faber & Faber, 1990.
Cauquelin, Anne, *La mort du philosophe et autres contes,* Paris, PUF, 1992.

Chaffiol-Debillemont, F., *Suicides et misères romantiques,* Paris, Robert Cayla, 1957.
Choron, Jacques, *La mort et la pensée occidentale,* Paris, Payot, 1969.
Chrétien, Jean-Louis, Pouvoir mourir et devoir mourir selon la théologie chrétienne, *Le temps de la réflexion,* III, Paris, Gallimard, 1982, p. 59-87.
Cioran, E.-M., *Écartèlement,* Paris, Gallimard, 1979.
— *Le mauvais démiurge,* Paris, Gallimard, 1969.
— *La chute dans le temps*, Paris, Gallimard, 1964.
— *Syllogismes de l'amertume,* Paris, Gallimard, 1952.
— *Précis de décomposition,* Paris, Gallimard, 1949.
Conche, Marcel, *Orientation philosophique,* Paris, PUF, 1990.
— *Temps et destin,* Paris, PUF, 1992.
— *Pyrrhon ou l'apparence,* Paris, PUF, 1994.
Crocker, Lester G., The Discussion of Suicide in Eighteenth Century, *Journal of the History of Ideas,* XIII, 1, janvier 1952, p. 47-72.
Cumont, Franz, Comment Plotin détourna Porphyre du suicide, *Revue des études grecques,* 1919, 32, p. 113-120.
Daly, Robert J., *The Origins of the Christian Doctrine of Sacrifice,* Philadelphie, Fortress Press, 1978.
Dagerman, Stig, *Notre besoin de consolation est impossible à rassasier,* Le Paradou, Actes Sud, 1981.
Daraki, Maria, *Une religiosité sans Dieu. Essai sur les stoïciens d'Athènes et saint Augustin*, Paris, La Découverte, 1989.
Daube, David, The Linguistics of Suicide, *Philosophy and Public Affairs,* 1972, 1, p. 387-437.
De Libera, Alain, *Eckhart, Suso, Tauler ou la divinisation de l'homme,* Paris, Bayard Éditions, 1996.
De Romilly, Jacqueline, Le refus du suicide dans l'*Héraclès* d'Euripide, in *Tragédies grecques au fil des ans,* Paris, Les Belles Lettres, 1995, p. 159-169.
De Staël, G., *Réflexions sur le suicide,* Paris, Opale, 1983.
Derrida, Jacques, *Apories. Mourir – s'attendre aux « limites de la vérité »,* Paris, Galilée, 1996.
— Donner la mort, *in* J.-M. Rabaté et M. Wetzel (éd.), *L'éthique du don,* Paris, Métailié, 1992.
Devereux, G., *Tragédie et poésie grecques. Études ethnopsychanalytiques,* Paris, Flammarion, 1975.
Diéguez, Manuel de, *Science et nescience,* Paris, Gallimard, 1970.
— *L'idole monothéiste,* Paris, PUF, 1981.

Diéguez, Manuel de, *Et l'homme créa son Dieu,* Paris, Fayard, 1984.
— *Jésus,* Paris, Fayard, 1985.
Dölger, F. J., Der Feuertod ohne die Liebe. Antike Selbstverbrennung und christlicher Martyrium-Enthusiasmus, *Antike und Christentum,* 1, Münster in Westfalen, 1929, p. 254-270.
Donne, John, *Biathanatos,* éd. et trad. P.-E. Dauzat, Grenoble, Jérôme Millon, à paraître.
— *Paradoxes et problèmes,* trad. P. Alferi, Paris, Éditions Allia, 1994.
Drewermann, Eugen, *Le mensonge et le suicide,* Paris, Cerf, 1993.
Droge, Arthur J., MORI LUCRUM : Paul and Ancient Theories of Suicide, *Novum Testamentum,* 1988, 30, p. 263-286.
— et James D. Tabor, *A Noble Death, Suicide and Martyrdom among Christians and Jews in Antiquity,* San Francisco, Harper, 1992.
Dumézil, Georges, Le noyé et le pendu, *in* Dumézil, *Du mythe au roman,* Paris, PUF, 1970, rééd. 1987, p. 127-146.
Fichte, J.-G., Sur les intentions de la mort de Jésus, in *Querelle de l'athéisme* et autres essais, éd. J.-C. Goddard, Paris, Vrin, 1993, p. 193-216.
Fink, Eugen, *Metaphysik und Tod,* Stuttgart, 1969.
Fleischmann, Eugène, *Le christianisme « mis à nu », La critique juive du christianisme,* Paris, Plon, 1970.
Gernet, Jacques, Les suicides par le feu chez les bouddhistes chinois du Ve au Xe siècle, in *L'intelligence de la Chine,* Paris, Gallimard, 1994, p. 169-206.
Gooch, Paul W., *Reflections on Jesus and Socrates,* New Haven et Londres, Yale University Press, 1996.
Grisé, Yolande, *Le suicide dans la Rome antique,* Montréal-Paris, Bellarmin, Les Belles Lettres, 1982.
Henry, Michel, *C'est moi la vérité. Pour une philosophie du christianisme,* Paris, Seuil, 1996.
Hirzel, Rudolf, Der Selbstmord, *Archiv für Religionswissenschaft,* 1908, 11, p. 75-104, 243-284, 417-416. Repris en volume sous le titre *Der Selbstmord,* Darmstadt, Wissenschaftliche Buchgesellschaft, 1967.
Holderegger, Adrian, *Die Sehnsucht nach dem eigenen Tod,* Fribourg (Suisse), 1981.
— Un droit à la mort librement choisie ?, *Concilium,* 199, 1985, p. 121-131.
Hume, D., Du suicide (1757), in *L'histoire naturelle de la religion et autres essais sur la religion,* trad. M. Malherbe, Paris, Vrin, 1989.

Jankélévitch, V., *La mort,* Paris, Flammarion, 1977.
Kierkegaard, Søren, *Un homme a-t-il le droit de se laisser mettre à mort pour la vérité ?* (1847), in *Œuvres complètes,* vol. XVI, Paris, Éditions de l'Orante, 1971, p. 107-143.
Koch, Gerhard, *Die Zukunft des toten Gottes,* Hambourg, Agentur des Rauen Hauses, 1968.
Kott, Jan, *Manger les dieux. Essais sur la tragédie grecque et la modernité,* trad. J.-P. Cottereau et M. Lisowski, Paris, Payot, 1975.
Kuitert, Harry M., *Suicide : Wat is er tegen ?,* Baarn, 1983.
— Les chrétiens ont-ils le droit de se donner la mort ?, *Concilium,* 199, 1985, p. 133-140.
Landsberg, Paul-Louis, *Essai sur l'expérience de la mort, suivi de Le problème moral du suicide,* Paris, Seuil, 1951.
Larchet, J.-Cl., *La divinisation de l'homme selon saint Maxime le Confesseur,* Paris, Cerf, 1996.
Lefay-Toury, M.-N., *La tentation du suicide dans le roman français du XIIe siècle,* Paris, Honoré Champion, 1979.
Léthel, Fr.-M., *Théologie de l'agonie du Christ,* Paris, Beauchesne, 1979.
— Introduction à Maxime le Confesseur, *L'agonie du Christ,* Paris, Migne, 1996.
Leupin, Alexandre, *Fiction et incarnation. Littérature et théologie au Moyen Age,* Paris, Flammarion, 1993.
Loraux, Nicole, Donc Socrate est immortel, *Le temps de la réflexion,* III, Paris, Gallimard, 1982, p. 19-46.
— La main d'Antigone, *Métis. Revue d'anthropologie du monde grec ancien,* vol. I, 2, 1986, p. 165-196 ; repris dans Sophocle, *Antigone,* coll. « Classiques en poche », Paris, Les Belles Lettres, 1997.
— *Façons tragiques de tuer une femme,* Paris, Hachette, 1985.
Lot-Borodine, M., La doctrine de la déification dans l'Église grecque, *Revue d'histoire des religions,* 1932-1933.
Löwith, Karl, Die Freiheit zum Tode, in *Vorträge und Abhandlungen,* Stuttgart, 1966.
MacAlister, Suzanne, *Dreams and Suicides. The Greek Novel from Antiquity to the Byzantine Empire,* Londres et New York, Routledge, 1996.
MacDonald, M., et Murphy, T. R., *Sleepless Souls. Suicide in Early Modern England,* Oxford, Clarendon Press, 1990.
Margel, Serge, *Le tombeau du dieu artisan,* avant-propos de J. Derrida, Paris, Éd. de Minuit, 1995.
Martineau-Génieys, Christine, *Le thème de la mort dans la poésie française de 1450 à 1550,* Paris, Champion, 1978.

Meynard, L., *Le suicide. Étude morale et métaphysique,* Paris, PUF, 1970.
Miles, Jack, *Dieu. Une biographie,* trad. P.-E. Dauzat, Paris, R. Laffont, 1996.
Minois, G., *Histoire du suicide. La société occidentale face à la mort volontaire,* Paris, Fayard, 1995.
Monestier, Martin, *Suicides : histoire, techniques et bizarreries de la mort volontaire des origines à nos jours,* Paris, Le Cherche-Midi, 1996.
Morand, Paul, *L'art de mourir,* Bordeaux, L'Esprit du Temps, 1992.
Nietzsche, *Ainsi parlait Zarathoustra,* trad. G. Bianquis, Paris, Aubier, 1992, en particulier « De la mort volontaire », p. 169-173.
— *Crépuscule des idoles,* Paris, Gallimard, 1974.
Palmer, D. W., « To Die is Gain » (Philippians i 21), *Novum Testamentum,* 1975, 17, p. 203-218.
Paul, Jean-Marie, *Dieu est mort en Allemagne. Des Lumières à Nietzsche,* Paris, Payot, 1994.
Paulin, Bernard, *Du couteau à la plume. Le suicide dans la littérature anglaise de la Renaissance (1580-1625),* Lyon, Éditions L'Hermès, 1977.
Pelikan, Jaroslav, *Faust the Theologian,* New Haven, Yale University Press, 1995.
— *The Shape of Death and Immortality in the Early Fathers,* New York, Abingdon Press, 1961.
Pigeaud, Jackie, *La maladie de l'âme. Étude sur la relation de l'âme et du corps dans la tradition médico-philosophique antique,* Paris, Les Belles Lettres, 1989.
— « Socrate et la *belle mort* », à paraître dans les *Mélanges Thivel.*
Pinguet, Maurice, *La mort volontaire au Japon,* Paris, Gallimard, 1984.
Rabbe, Alphonse, Du suicide, in *Album d'un pessimiste,* Paris, Plasma, 1979, p. 11-43.
Roberts, Michael, *Poetry and the Cult of the Martyrs. The Liber Peristephanon of Prudentius,* Ann Arbor, The University of Michigan Press, 1993.
Safranski, Rüdiger, *Quelle dose de vérité les philosophes peuvent-ils supporter ?,* Paris, PUF, 1993.
Scheler, Max, *Mort et survie,* Paris, Aubier, 1952.
Schmitt, J.-Cl., Le suicide au Moyen Age, *Annales. Économies, sociétés, civilisations,* janvier-février 1976, p. 3-28.
Schuwer, Camille, *La signification métaphysique du suicide,* Paris, Aubier, 1949.
Sciuto, Italo, *La Felicità e il Male,* Milan, Franco Angeli, 1995.
Sevenster, J. N., *Paul and Seneca,* Leyde, Brill, 1961.

Simmel, G., Métaphysique de la mort, in *Philosophie et société,* Paris, Vrin-Reprise, 1987.
Sipriot (éd.), *Montherlant et le suicide,* « Cahiers du Rocher », 1988.
Sprott, S. E., *The English Debate on Suicide : From Donne to Hume,* La Salle (Ill.), Open Court, 1961.
Steiner, Georges, *Passions impunies,* trad. L. Évrard et P.-E. Dauzat, Paris, Gallimard, 1997.
Tabor, James D., Resurrection and Immortality : Paul and Poimandres, in *Christian Teaching : Studies in Honor of LeMoine G. Lewis,* éd. E. Ferguson, Abilene, t. X, Abilene Christian University Press, 1981.
— *Things Unutterable : Paul's Ascent to Paradise in Its Greco-Roman, Judaic, and Early Christian Contexts,* Studies in Judaism, Lanham, MD, University Press of America, 1986.
Tadie-Guilloteaux, N., Sénèque face au suicide, *L'Antiquité classique,* 1963, 32, p. 541-551.
Tardieu, Michel, Les vêtements de lin, *Le temps de la réflexion,* III, Paris, Gallimard, 1982, p. 47-58.
Tétaz, Numa, *Le suicide,* Genève, Labor et Fides, 1971.
Tilliette, Xavier, *Le Christ de la philosophie. Prolégomènes à une christologie philosophique,* Paris, Les Éditions du Cerf, 1990.
— *Le Christ des philosophes. Du maître de sagesse au divin témoin,* Namur, Culture et Vérité, 1993.
— *La Semaine sainte des philosophes,* Paris, Desclée, 1992.
Türck, Hermann, *Faust-Hamlet-Christus,* Berlin, Wilhelm Borngräber, 1917.
Tzitzis, Stamatios, *Esthétique de la violence,* Paris, PUF, 1997.
Van Hooff, Anton J. L., *From Autothanasia to Suicide, Self-killing in Classical Antiquity,* Londres, Routledge, 1990.
Veyne, Veyne, Suicide, fisc, esclavage, capital et droit romain, *Latomus,* XV, 1981, p. 217-268.
Voisin, J.-L., Pendus, crucifiés, oscilla, *Latomus,* XXXVIII, 1979, p. 422-450.
— Apicata, Antinous et quelques autres, *Mélanges d'archéologie et d'histoire de l'école française de Rome,* 99, 1, 1987, p. 257-280.
Ziolkowski, Theodore, *Fictional Transfigurations of Jesus,* Princeton, Princeton University Press, 1972.

REMERCIEMENTS

Anne-Marie Dauzat, Aude de Saint-Loup, Hélène Monsacré, Jacques Bonnet, Christophe Lapierre et Denis Trierweiler m'ont fait l'amitié de lire et relire tout ou partie de diverses moutures de ce travail. Tous ont bien voulu partager avec moi leurs bonnes pensées quand je me réservais les vilaines.

Grâces soient rendues à ceux qui auront eu la patience, de longues années durant, de m'entendre dire, las des confidences à l'arbre creux, que j'achevais « mon » suicide.

Je ne saurais terminer sans saluer d'un clin d'œil J.-M. Benoist et E. M. Cioran qui, voici plus de dix ans, m'écoutèrent d'un sourire amusé disserter de « mon » suicide de Christ.

Les éditions Gallimard m'ont autorisé à reproduire des extraits des *Démons* et des *Carnets des Démons* dans la traduction de Boris de Schloezer, Paris, Gallimard, Bibliothèque de la Pléiade, 1955.

Les éditions de l'Arche m'ont généreusement permis de m'appuyer sur la remarquable traduction de l'un des grands chefs-d'œuvre de Hans Blumenberg, *La Passion selon saint Matthieu,* traduction de Henri-Alexis Baatsch et Laurent Cassagnau, Paris, L'Arche, 1996.

Table

Imprimé en France
Imprimerie des Presses Universitaires de France
73, avenue Ronsard, 41100 Vendôme
Octobre 1998 — N° 45 373